이어령의 교과서 넘나들기

콘텐츠 크리에이터 **이어령** | 글 **손기화** | 그림 **이세경** | 기획 **손영운**

국제관계편 **13** 지구촌 시대를 살아가는 지혜

살림

생각을 넘나들며 다양한 지식을 익히는 융합형 인재가 되세요!

우리는 지난 몇 년간 엄청난 변화를 겪었습니다. 과학기술과 정보통신기술의 비약적인 발전으로 인해 지난 시절 몇 세기에 걸쳐 누적된 삶의 변동보다 훨씬 더 크고 빠른 변화를 경험해야 했던 것이지요. 스마트폰 같은 디지털 기기들과 트위터, 페이스북 같은 소셜 네트워크 서비스들은 불과 1~2개월의 시간 동안 우리 삶의 방식을 일순간에 바꾸어 놓았습니다. 당연히 지난 시절에 유용했던 생각과 지식 역시 크게 달라질 수밖에 없습니다. 이럴 때 우리 아이들은 미래를 위해 무엇을 준비하고 공부해야 할까요?

저는 이런 이야기를 좋아합니다. 옛날 어떤 사람이 우연히 산속에서 신선을 만났습니다. 신선에게 소원을 말하면 들어준다는 말에 그 사람은 신선을 붙들고 놓아주지 않았지요. 그리고 신선에게 말했습니다. "저기 저 바위를 황금으로 바꿔 주세요." 다급해진 신선이 지팡이를 휘둘러 커다란 바위를 황금으로 바꾸어 주었습니다. "이제 놓아다오." 그때 그 사람이 눈을 반짝이며 말했습니다. "소원이 바뀌었어요. 그 지팡이를 제게 주세요."

이 이야기는 단순히 고기 잡는 방법을 가르쳐야 한다는 말이 아닙니다. '황금'이라는 창조물에서 황금을 창조하는 '방법'으로 생각을 이동시킬 수 있는 능력이 중요하다는 말입니다. 우리 아이들이 주역이 될 미래는 다양한 방면으로 바라보고 가로지르고 융합할 수 있는 '생각의 능력'이 더없이 중요해지는 시대입니다.

콜럼버스의 일화를 소개할까요. 콜럼버스가 신대륙에 상륙했을 때 어딘가에서 새소리가 들렸습니다. 콜럼버스는 그 새소리를 종달새 소리라고 적었지만, 나중에 밝혀진 바로는 그곳에 종달새는 살지 않았답니다. 콜럼버스는 자신이 알고 있는 지식에 묶여 새(bird) 소리를 새(new) 소리로 듣지 못했던 것입니다. 이런 관습적인 사고가 과거의 생각 방식이었다면 이제 중요해지는 것은 '순환적인 사고'와 '양면적인 사고', 서로 다른 분야를 함께 생각할 수 있는 '복합적인 사고'입니다.

다행히 우리 민족은 이미 오래전부터 이런 사고방식을 부지불식간에 사용하고 있었습니다. 언어적으로 봐도 서양은 한쪽 면만 표현하는 반면 우리는 항상 양면성을 고려했습니다. 고층건물에 있는 '엘리베이터'는 그 뜻을 해석하면 이상합니다. '오르는 기계'라는 뜻이니까요. 우리는 '승강기'라고 씁니다. '오르내리는 기계'라는 뜻이지요. '열고 닫는다'는 뜻의 '여닫이', 나가고 들어온다는 뜻의 '나들이', 이런 어휘들에는 양면적인 사고가 잘 반영되어 있습니다.

순환적 사고란 무엇일까요. 가위바위보에서 '가위'의 의미에 주목해 보도록 하지요. 바위와 보만 있는 세계는 항상 결과가 자명한 세계입니다. 모두 오므리거나 모두 편 것, 이것 아니면 저것만 있는 세계에서는 다양함이 나올 수 없습니다. 그러나 '가위'가 있어서 가위바위보는 예측 불가능한 결과를 가져올 수 있는 다양성을 갖게 됩니다. 우리는 바로 그 '가위'와 같은 것을 상상해 내고 생각할 줄 알아야 합니다.

그러자면 서로 다른 분야를 넘나들면서 다양한 지식을 융합적이고 통섭적으로 습득해야 합니다. 쓰고 남은 천들이 버려지는 것이 아니라 조각보로 훌륭하게 다시 만들어질 수 있고, 배추 쓰레기가 '시래기'라는 웰빙음식으로 재탄생할 수 있게 만드는 지식의 습득과 활용이 필요합니다.

그렇게 자라난 우리 아이들은 과거와는 다르게 모두가 1등이 될 수 있는 사회에서 풍요로운 삶을 살 수 있을 것입니다. 저는 늘 이렇게 말합니다. "남다른 생각과 지식을 가지고 360도 방향으로 제각기 뛰어나가 그 분야에서 1등이 되어라. 옛날처럼 성적순으로 1등부터 꼴찌까지 줄 세우는 시절이 아니다. 그렇게 저마다의 소질과 생각에 맞는 분야에서 1등이 되어 손 맞잡고 강강술래를 돌아라. 그런 아름다운 세상에서 살아라."라고 말이지요.

스티브 잡스는 스탠퍼드 대학교의 엘리트들에게 이렇게 말했습니다. "Stay hungry, stay foolish!" 졸업하면 성공이 보장된 인재들에게, 그리고 최고의 지성으로 무장한 졸업생들에게 '항상 바보 같아라'라고 말한 것은 어떤 의미일까요. 기존의 지식으로 무장한 사람일수록 세상을 바꿀 뛰어난 생각은 바보같이 느껴진다는 의미가 아닐까요. 현재의 관점에서 불가능할 것 같고 황당하고 쓰임새가 없어 보이는 상상 속에 우리가 예측하지 못했던 엄청난 혁신과 가치가 숨어 있다는 것을 스티브 잡스는 말하고 싶었던 겁니다.

〈이어령의 교과서 넘나들기〉가 우리 젊은 학생들이 그런 행복한 미래(future)에 대한 비전(vision)을 갖는 데 꼭 필요한 융합형(fusion) 교양 지식을 익히고 생각의 넘나들기를 익힐 수 있는 좋은 계기가 되기를 바랍니다.

이어령

지식 대융합 시대의 창조적 교양인을 꿈꾸는 여러분께

현대 사회는 'T자형 인간'을 요구한다고 합니다. 'T자형 인간'이란 자기 분야는 물론이고, 다른 분야에도 깊은 이해가 있는 종합적인 사고 능력을 가진 사람을 일컫는 말입니다. 'T'자에서 '—'는 횡적으로 많이 아는 것을, 'ㅣ'는 종적으로 한 분야를 깊이 아는 것을 의미하지요.

왜 현대 사회는 T자형 인간을 원할까요? 그 이유는 21세기가 '지식 대융합의 사회'를 지향하고 있기 때문입니다. 현대는 하루가 다르게 새로운 개념의 첨단 전자 제품이 나오고, 그것이 우리의 지식 정보 전달 시스템을 통째로 바꾸고, 그 결과 문명의 방향이 달라지는 시대입니다. 이 변화무쌍한 현실을 이해하고 이끌어 나갈 수 있는 힘은 오로지 창조적이고 통합적인 상상력과 직관을 가진 'T자형 인간'으로부터 생산되기 때문입니다.

하지만 우리의 현실을 보면 앞이 아득합니다. 'T자형 인간'이 되어 21세기 대한민국을 이끌고 나가야 할 청소년들은 빡빡한 학교 수업과 학원 일정에 쫓겨 다람쥐 통의 다람쥐처럼 제자리 돌기만 하고 있습니다. 학교와 교과서를 통해 배운 지식을 단순히 입시 수단으로만 여기고 있습니다. 학교에서 배운 지식을 다른 지식과 잘 연결하고 융합시켜 지적 능력을 키우는 일에는 관심 밖입니다.

〈이어령의 교과서 넘나들기〉 시리즈는 안타까운 우리 청소년들의 지적 현실을 타개하기 위해 만든 책입니다. '5천 년 인류 문명이 이룩한 모든 교양을 만화로 읽는다.'는 생각으로 만화가 가지는 유머와 재미라는 틀 안에 그동안 인류가 축적한 다양한 지식을 담았습니다. 단순히 한 가지 학문만을 다루는 것이 아니라 다양한 학문이 통합된 융합형 교양 지식을 담아 청소년들이 현대 사회를 창조적으로 살아갈 수 있는 능력을 기를 수 있도록 만들었습니다.

인류 문명의 토대가 되는 지식을 담은 재미있고 명쾌하지만 결코 가볍지 않은 멋진 만화책들이 차례로 독자들 앞으로 찾아갈 것입니다. 우리 청소년들이 이 책들을 읽고 '지식의 대융합 시대'를 선도하는 'T자형 인간'을 꿈꾸는 모습을 보기를 간절히 소망합니다.

기획 **손영운**

국제관계는 우리의 숙명

　위치상으로 한반도는 국제관계의 변화에 민감하게 대처할 필요가 있는 곳입니다. 아시아 대륙과 태평양 사이, 그리고 미국, 중국, 일본, 러시아 등 강대국들의 사이에 위치한 우리나라는 역사적으로 강대국들 사이의 힘의 관계에 따라 큰 변화를 겪어야 했죠.

　경제 역시 국제관계와 깊은 관계가 있습니다. 우리나라 국내 총생산에서 수출이 차지하는 비중은 43% 이상, 수입 역시 38% 이상으로 우리 경제의 대외의존도는 83%가 넘는데, 이것은 우리나라가 외국과의 무역으로 먹고살고 있다는 것을 의미합니다. 이처럼 국제관계는 우리의 일상에서 시작하여 우리나라의 정치, 경제, 문화 등 모든 부분에 영향을 미치고 있어요. 그러나 국제관계는 고정된 것이 아니라 날마다 변합니다. 소련은 미국과 경쟁하는 슈퍼파워였지만 지금은 사라졌고, 지금은 중국이 큰 영향을 미칠 수 있는 국가가 되었죠.

　국제관계의 변화는 우리 삶에 직접적인 영향을 미치므로, 외교관이나 정부의 지도자들만 국제관계를 알아서는 안 됩니다. 직장생활을 하거나 사업을 하는 어른들도, 그리고 미래를 준비하는 젊은이들도 미래의 국제관계는 어떻게 변화할지를 잘 이해할 때 자신과 공동체에 좀 더 나은 선택을 할 수 있습니다. 그리고 이것이 우리가 국제관계를 반드시 배워야 하는 이유입니다.

글 **손기화**

세계는 하나!

　세계는 점점 하나가 되어 가고 있습니다. 하지만 그럴수록 강대국들은 자국의 이익을 강요하고 있죠. 어쩌면 미국과 중국, 일본 등 강대국 사이에 있는 우리에게 국제관계는 더 중요할 수 있습니다. 그런 의미에서 우리 미래를 책임질 여러분들이 국제관계를 이해하고 관심을 가져 앞으로 우리의 희망이 되었으면 합니다.

그림 **이세경**

이어령의 교과서 넘나들기

국제관계편 ⑬

차례

1장 국제관계는 바로 우리들의 이야기야!

혹시 '국제관계'란 말을 들어 본 적 있니?

'국제관계'란 국가들이 모인 국제사회에서의 관계를 말해.

'국제사회'라고 하면 우리와는 멀리 떨어진 다른 곳의 이야기일 것 같다고?

먼저 우리가 살고 있는 사회와 국제사회의 차이점을 알아보자.

우리가 살아가는 사회는 우리를 대표하는 대통령이나 국무총리가 있고,

국민의 대표들이 모인 의회가 법률을 제정하면 국민들은 그것을 지켜야 해.
威

사람들은 자신들의 이익을 추구할 수 있지만,

법을 지키지 않은 사람들은 범법자가 되고

사법기관 등을 통해 처벌을 받지.

즉, 국내사회는 통일된 정부가 있어서 국가 내의 개인이나 단체는 정부의 통제를 따라야 하고,
국   가

그러지 않는 경우에는 정부로부터 강제적인 제재를 받게 되는 거야.
제재

그렇다면 국제사회에는 이런 통일된 기구가 있을까?
?
국제사회

UN(국제연합) 같은 국제기구가 있기는 하지만,
UN

그들이 국가들의 행동을 제약하거나 저지할 수는 없어.
UN

2001년 9월 11일, 빈 라덴의 지시를 받는 알카에다 조직원이 미국의 민간 항공기를 납치해 미국 뉴욕의 한복판에 있는 무역센터 빌딩에 돌진해 자폭한 9·11 테러 사건이 있었지.

이 사건으로 민간인 3,000명 이상이 사망했고,
PEACE

미국은 알카에다를 지원하는 모든 세력들을 대상으로 테러와의 전쟁을 선포했어.

이 과정에서 미국은 이라크가 알카에다 세력을 지원하고 있고

또한 그들이 대량살상 무기를 가지고 있어

이것이 미국과 세계의 안보에 큰 위협이 된다고 주장했지.

그래서 미국은 독일, 프랑스, 중국, 러시아 등 여러 나라들의 반대에도 불구하고 2003년 이라크를 상대로 전쟁을 일으켰어.

국제사회를 대표하는 UN이 있었지만
UN

미국의 행동에 어떤 강제적 조치도 취할 수 없었어.
삐이
흥!
미국

이렇듯 국제사회는 국내사회와 같은 통일된 중앙정부가 없기 때문에
중앙정부
국제사회

어떤 국가의 행동을 강제적으로 막을 수가 없고,
통행금지

국력이 강한 국가는 더 큰 발언권과 영향력을 가질 수 있어.
미국
중국

그러면 국제사회에서 국가들은 자국의 이익을 위해 서로 싸우기만 할까?

사실 대부분의 국가 간에는 서로 거래를 하면서 공동의 이익을 추구하는 질서가 있어.

국제사회에서 국가의 관계는 외교관계를 수립하는 것으로 시작돼.
단교
수교

양국의 대표들이 만나

상호 교류를 전제로 외교관계를 수립하지.

예를 들어 한국과 중국은 1992년 8월 공식적인 외교관계를 수립한 이후 정치, 경제적으로 급속하게 가까워졌어.
한국을 방문한 중국인의 수 100만 명.
중국을 방문한 한국인의 수 400만 명.
*2010년 기준.

2010년 우리나라와 중국 간 무역량은 우리나라 전체 무역량의 21%를 넘었고, 이는 미국과 EU(유럽연합) 27개 국가들과의 무역량을 합친 것보다 더 큰 규모지.
중국
유럽
미국
기타
우리나라와 중국 간 무역량 : 1,880억 달러.

이것이 외교를 수립한 후 달라진 변화야.

국제사회는 여러 국가들이 모여 공통의 세계 문제를 논의하는 국제회의를 통해서 더 잘 이해할 수 있어.

대표적인 다자간 국제회의인 G20 회의를 볼까?
G20 SUMMIT

2010년 11월 11일 서울에서 개최된 'G20 서울 회의'의 목적은 2008년 말에 발생한 세계 경제 위기를 국제사회가 공동으로 대처하여 다시는 위기가 반복되지 않도록 하기 위한 것이었어.
G20
SEOUL
SUMMIT
2010
위기를 넘어 함께 성장

전 세계의 지도자들이 서울의 코엑스에서 모여 회의를 했지. 각 나라의 대표들을 수행하는 수행원, 경호원 그리고 신문·방송의 기자들을 다 합치면 1만 명 이상의 사람들이 한국을 찾았어.
THE SEOUL SUMMIT 2010

G20은 보통 '주요 20개국 회의'라고 하는데

기존의 선진국 중심의 G7에다 신흥국 12개국, EU가 포함되어 1999년에 만들어졌어.
12개 신흥국
G7
EU

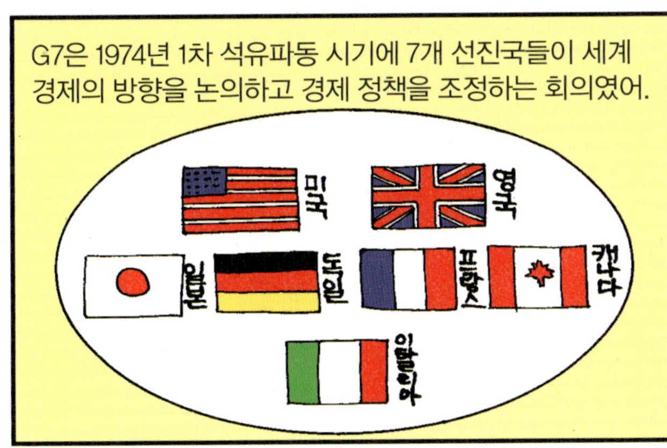

G7은 1974년 1차 석유파동 시기에 7개 선진국들이 세계 경제의 방향을 논의하고 경제 정책을 조정하는 회의였어.
미국
영국
일본
독일
프랑스
캐나다
이탈리아

이후 신흥국가들의 영향력이 커져 기존의 선진 7개국과의 협력이 필요하게 된 것이지.
중국
브라질
일본
인도
한국
G7
신흥국

그럼 이런 국제관계는 '나'에게 어떤 영향을 미칠까?
국제관계

오늘날의 국제관계는 소수의 지도자들, 외교관들, 군인들의 문제가 아니라,

우리가 살아가는 모든 영역에 영향을 줘.
국제관계

2004년 4월, 우리나라는 칠레와 자유무역협정을 체결했어.

자유무역협정이란 국가 간 상품의 이동을 자유롭게 하는 국가 간 무역협정을 가리키는데.

자유무역협정을 체결한 후 양 국가에는 큰 변화가 일어났지.
칠레산
칠레산

우리나라의 마트에서 포도를 비롯한 칠레산 과일들과 포도주, 홍어나 장어 같은 해산물들이 저렴하게 판매되었고,
과일
생선코너

반면 칠레에서는 우리나라에서 만든 휴대폰, 텔레비전, 자동차 등이 팔리기 시작했어.

농업이 발달한 칠레의 농민들과 공산품을 만드는 우리나라 기업들은 큰 혜택을 얻을 수가 있었지.

그러나 이 자유무역협정이 좋은 결과만 가져온 것은 아니야.
반대‥!
반대‥!

값싼 칠레산 과일과 해산물이 수입되면서 우리 농민들과 어민들은 큰 피해를 입었거든.
결사 반대
한·칠레 FTA 국회 비준 결사 반대

또 하나의 예를 보자. 2009년 12월 세계 193개국의 대표들은 덴마크 코펜하겐에 모여 지구 온난화의 주범인 온실가스 배출량을 줄이는 방안을 논의했어.

이 회의에서 75개 국가들은 에너지 사용으로 인한 온실가스의 배출을 2020년까지 80% 정도 줄이고,
NO

선진국들은 개발도상국들이 온실가스 배출을 줄이는 데 도움을 줄 것을 약속했어.
$
$

그러나 이 경우에도 UN이 회의를 주도한 것은 아니야.
UN

UN의 회원국들인 선진국과 개발도상국들이 서로 합의하여 코펜하겐 협약의 결론을 낸 것이지.
협약

이렇게 국제사회는 자국의 이익을 극대화하기 위해 각 국가들이 서로 갈등하기도 하지만

동시에 세계 공동 문제를 해결하기 위해 서로 협력하고 있어.

이 국제회의의 결과는 우리의 생활에 어떤 영향을 미칠까?
국제회의

우선 태양광 발전을 통해 전기를 생산하는 곳이 늘어나겠지.

태양광 발전은 온실가스를 발생시키지 않고 전기를 생산하는 에너지야.

또 바람이 많은 곳에서는 풍력 발전을 통해 전기를 생산하고,

온실가스의 배출을 줄이는 전기차가 생산되어

머지않아 전기차가 가솔린차를 대체하는 날이 오게 될 거야.
가솔린

국제관계가 우리 생활 전부를 지배하는 경우도 있어.
국제 관계

예를 들면 전쟁이겠지. 전쟁이 일어나면 그 나라의 모든 산업체들은 전쟁을 위한 총, 탱크, 미사일을 생산하는 방위산업 체제로 돌아설 거고,

친구들, 사랑하는 사람들이 전쟁터로 끌려가기도 하고,

부모를 잃은 아이들은 길거리를 헤매야 할 거야.

그럼 평화 시에는 전쟁의 영향이 없을까?
그렇지 않아.

평화 시에도 많은 청년들이 군 복무를 하고 있고,

군대를 유지하고 무기를 개발, 생산하는 등의 국방비로 많은 돈을 지출하고 있는 나라들이 적지 않아.

요즘은 인터넷 같은 정보통신이 발달해서, 실시간으로 국제문제를 접할 수 있어.

리비아와 튀니지의 민주화 시위나,

일본의 지진과 원자력 발전소의 방사능 유출 상황을 실시간으로 접하면서 국가 차원뿐만 아니라 우리 각자가 그에 대한 대응을 할 수 있지.

그럼 국제관계는 대통령, 외교관, 군인, UN 같은 사람들만이 담당하는 일일까?

물론 국제관계에서 그들의 역할도 중요하지만, 일반 시민들도 국제관계에 직접 또는 간접적으로 참여하고 있다고 볼 수 있어.

예를 들어 한미자유무역협정 협상을 하는 과정에서

자유무역협정에 반대하는 개인이나 단체들이 반대 성명서를 발표하거나,
압력 · 한미FTA 협상

거리 시위를 벌이기도 했고,
한미FTA
저지
이상
한미FTA
FTA 저지
이명박 OUT
한미FTA
반대한미FTA 안돼~ 이명박 OUT

찬성하는 사람들 역시 정부의 입장을 지지하는 집회를 열기도 하고, 찬성하는 신문 광고를 게재하기도 했어.
한미FTA 지지!!
한지
우리는 한미 조속한 실 YES 협정을 지지 하며 촉구 한다!!
한미FTA 조속히실행
한미FTA 지지!!
한미 FTA 찬성!!

지금까지 우리는 국제사회가 국내사회와는 달리 통일된 중앙정부는 없지만
중앙정부
국 제 사 회

나름의 질서가 있다는 것을 살펴보았어.
국제사회

국가들은 자국의 이익을 최대한 얻어내기 위해
이익

외교관계를 수립하기도 하고 전쟁을 하기도 하지만,

동시에 인류 공통의 문제에 직면해서는
인류

서로 협력을 하기도 하지.
인류

또한 국제관계에서 일어나는
많은 일들은
국제관계

우리들의 식탁에서부터
국제사회

아빠의 직장에까지 영향을
미치고 있어.
국제관계

엄마들은 자유무역협정을 통해
수입된 많은 외국 농산물들을 사고,

아빠들은 수출이 늘어남에 따라
더 바빠지거나,
안전

또는 외국의 저렴한 수입상품 때문에 사업 종목을 바꿔야
하는 일도 생길 수 있을 거야.
△△신발

이제 왜 국제관계를 공부하고 알아야 할 필요가
있는지 알겠지?
국제관계

국제관계를 잘 이해하면 나와 우리 가정, 그리고 우리나라의 미래를 위해
더 나은 선택을 할 수 있는 지혜를 얻을 수가 있는 거야.
DO
국제관계
여러나라
우리나라
다른
저런나라

포클랜드제도를 둘러싼 비극

국내정치와 국제관계는 대부분의 경우 동전의 양면처럼 밀접한 연관을 가지는 경우가 많아요. 종종 국내에서 정치적으로 어려움을 겪는 정치지도자들은 국민들의 관심을 국내에서 국외로 돌리게 함으로써 국내정치의 안정을 추구하려고 하거든요. 국내문제가 국제문제에 영향을 미친 대표적인 예는 1982년 영국과 아르헨티나 간 전쟁이었던 포클랜드 전쟁이라고 할 수 있어요. 포클랜드제도는 남아메리카의 칠레와 아르헨티나 사이에 위치하고 있어요. 이 지역은 원래 1592년 영국의 항해사 데이비스가 발견한 섬인데, 1832년 이래 영국이 영유권을 주장한 지역이었죠. 그러나 아르헨티나가 이 지역에 대한 소유권을 주장하고 나선 거예요.

포클랜드 전쟁 패배의 책임을 지고 물러난 아르헨티나의 대통령 레오폴드 갈티에리.

원래 포클랜드는 제국주의 국가들 간의 이권다툼의 상징이었어요. 처음으로 발견한 사람은 영국인이지만 프랑스 사람이 최초로 거주하기 시작했고, 1767년부터는 스페인에 의해 공식적인 식민통치를 받게 됐죠. 스페인은 영국인들을 몰아내고 행정관을 파견하여 19세기 초까지 포클랜드를 지배했어요. 그러나 스페인이 나폴레옹에 의해 정복당하고 국력이 쇠퇴하게 되자, 1816년 스페인의 지배를 받던 아르헨티나는 스페인으로부터 독립했죠. 독립한 아르헨티나는 과거 스페인 영토에 대한 소유권을 주장하고, 주민들을 거주시키고 행정관을 파견하면서 포클랜드를 개발하기 시작했어요. 그러나 당시 세계를 지배

하던 영국은 1842년 함대를 파견하여 아르헨티나 주민을 섬에서 쫓아내고 포클 랜드를 식민통치하기 시작하여 지금까지 실효적 지배를 하고 있어요. 포클랜드 제도는 제국주의 시대 열강들의 대표적 각축장이었어요.

1982년 4월 아르헨티나는 국내정치적으로 큰 어려움을 겪고 있었어요. 군인들이 통치하던 아르헨티나 정부는 경제 정책의 실패로 큰 위기에 직면하였고, 또한 민주주의를 요구하는 국민들을 억압하고 있는 상황이었죠. 이런 상황에서 군사정권은 국민들의 관심을 외부로 돌리고 애국심을 자극하기 위해 포클랜드제도를 침범하여 자신들의 영토라고 선언했어요. 당시 군사정권은 영국이 아르헨티나를 상대로 전쟁을 일으킬 것이라고는 생각하지 않았던 거죠. 그런데 그런 예상

아르헨티나의 침공에 대해 즉각 무력 대응을 결정하고 군대를 파견한 영국 수상 마거릿 대처.

을 깨고, 영국은 지체 없이 아르헨티나를 상대로 선전포고를 하고 포클랜드제도에 군대를 파견했어요. 전쟁은 첨단 무기로 무장한 영국이 74일 만에 아르헨티나의 항복을 받아내면서 끝나게 돼요. 결과적으로 아르헨티나 군사정부는 국내 문제를 해결하기 위해 포클랜드제도의 지배권을 주장하다가 영국의 공격을 받고 무너졌답니다.

2장 근대적 형태의 국제사회는 언제 시작되었을까?

이렇게 교회가 사회와 국가 위에 군림하면서
사회
국가

교회는 도덕적으로 타락하게 되었어.

성직자들은 성직을 사고팔기도 하고

심지어 사람들의 죄를 면죄해 주는 면죄부를 팔아서 돈을 벌기도 했지.
면죄부

이런 부패한 로마 교회에 대해 루터는

1517년에 교회의 잘못을 비판하는 95개조의 반박문을 발표하면서 종교개혁을 부르짖게 되었어.

이때 일부 왕들은 교황으로부터 자신들의 권력을 되찾기 위해 종교개혁을 지지했어.
개혁을 지지한다!
종교를 개혁하라
종교개혁찬성

이후 유럽은 가톨릭을 지지하는 기존 세력과 종교개혁을 지지하는 개신교 세력으로 나뉘었고,
유럽
기존세력
개신교 세력

결국 1618년에 가톨릭 중심의 구교 세력과 종교개혁을 지지하는 신교 진영 간의 종교전쟁이 독일에서 시작돼.
프랑스, 스페인, 스웨덴, 오스트리아, 덴마크 등 유럽의 주요 국가들이 독일 땅을 차지하기 위해 전쟁에 참가했고,

30년이라는 기간 동안 수많은 사상자들이 발생하자
30년

전쟁에 참가한 나라들이 전쟁을 마무리하기 위해 1648년 베스트팔렌 조약을 체결하지.

베스트팔렌 조약의 핵심 내용은 이거야.
첫째. 국가는 스스로의 운명을 결정할 수 있는 주권을 가진다.
둘째. 각 국가들은 법적으로 동등하다.
셋째. 각 국가들은 다른 나라의 군대 문제에 간섭하지 않는다.

이것으로 더 이상 교황이 국가의 문제에 개입할 수 있는 여지가 없어졌으므로,
NO 국가

교황 중심의 중세 국제질서가 공식적으로 끝나고 국가 중심의 근대 국제질서가 시작되었지.
중세
근대질서
질서

국가 중심의 국제사회가 외교적 협상을 통해 질서를 유지한 대표적인 예는 1814년 비엔나 회의야. 영국, 프로이센, 오스트리아, 러시아가 나폴레옹 전쟁으로 무너진 유럽의 질서를 확립하기 위해 마련한 회의였지.

나폴레옹의 등장 이전에는 유럽의 5개국이 비슷한 국력을 가지고 있어서
프랑스
러시아
프로이센
영국
오스트리아

국가들 간에 힘의 균형이 존재했으므로 지역의 안정을 이룰 수가 있었어.

그러나 나폴레옹의 등장으로 유럽 전체가 전쟁에 휩싸여,

영국을 제외한 거의 모든 나라가 나폴레옹과의 전쟁에서 패해 많은 물질적 피해를 입게 되었어.
영국
유럽

그래서 4개국 군주들은 어느 한 나라가 힘의 균형을 깨는 일들이 없도록

상호 견제하는 장치가 필요했던 거지.

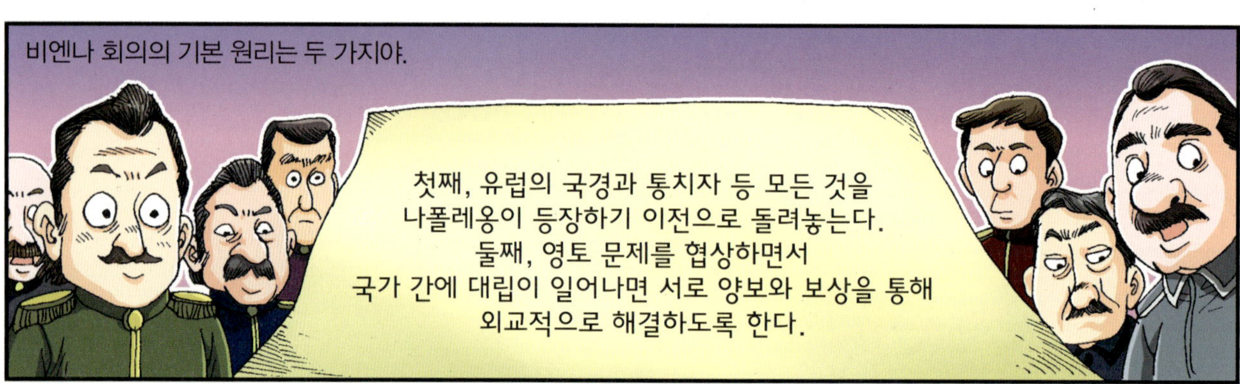

비엔나 회의의 기본 원리는 두 가지야.
첫째, 유럽의 국경과 통치자 등 모든 것을 나폴레옹이 등장하기 이전으로 돌려놓는다. 둘째, 영토 문제를 협상하면서 국가 간에 대립이 일어나면 서로 양보와 보상을 통해 외교적으로 해결하도록 한다.

이렇게 유럽의 강대국 간 힘의 균형에 기초한 국제질서는
유럽

19세기 중반까지 유럽을 지배하는 질서가 되었고,
유럽
19세기

비엔나 회의는 근대국가가 중심이 되어 유럽의 질서를 형성한 국제회의의 대표적인 사례가 되었어.
국제질서
질서
근대국가

한편 동양에서는 오랜 시간 서구와는 다른 국제질서를 가지고 있었어.
동

베스트팔렌 조약 이후의 동등한 주권을 가진 국가 중심의 국제질서는 사실 서양의 국제질서인 셈이지.
국제질서
서양

19세기 전까지 동양과 서양은 그렇게 많은 교류를 하지 않았어.

그래서 동양에서는 서구 세계의 국제질서의 영향을 받지 않고 독자적인 국제질서를 만들어 가고 있었지.

아시아 사회 국제질서의 중심에는 중국이 있었어.
아시아

중국은 워낙 거대한 나라여서 스스로를 천하의 중심으로 여기고 있었고,
中

중국의 왕은 하늘의 아들인 천자(天子)라고 여기는 '중화사상'을 가지고 있었어.
중국의 뜻을 거역하는 나라들은 하늘의 뜻을 거역하는 것으로 간주했지.

중국을 제외한 모든 나라들은 오랑캐이고,
감히!
중국
오 랑 캐

주변 나라들은 중국에 매년 조공을 바침으로써 중국에 대한 예를 갖추어야 한다고 주장했지.

요즘 같으면 말도 안 되는 소리라고 반발할 것 같지만,
중국!
NO

당시에는 거대한 중국의 세력에 거역할 수 없었기 때문에

중국 중심의 국제질서를 받아들일 수밖에 없었지.

이런 관계를 조공관계라고 하는데,

이 관계는 상대방 국가 입장에서 자존심은 상하지만 그렇게 나쁜 것만은 아니었어.

속국들은 매년 자기 나라의 특산물을 중국에 바치는데,

중국은 이런 물품을 받은 답례로

더 많은 물품과 선진문물을 상대국에게 제공했거든.

오늘날처럼 세계가 자유롭게 왕래할 수 없었던 시기에

중국은 모든 선진문물과 학문이 유입되는 통로였고,
선진문물
학문
과학
중국

속국들은 조공무역을 통해 그런 중국의 선진문물을 접할 수 있었던 거야.
조공무역

19세기에 들어 대국과 약소국 간 불평등을 전제한 중국 중심의 동양적 국제질서와, 주권을 가진 국가 간의 평등한 관계를 주장하는 서양의 국제질서가 충돌하게 돼.

동서양의 다른 세계관의 충돌은 1840년 아편전쟁으로 이어졌지.

산업혁명에 성공한 서구는 자신들의 물건을 팔 수 있는 더 큰 시장이 필요했기 때문에

중국에 사신을 보내어

동등한 무역관계를 요구했지만,

당시 중국 청나라 황제는 이렇게 답했어.

중국은 나라가 크고 모든 물건이 있으므로 너희 오랑캐들과 더 이상의 무역이 필요하지 않다.

이런 가운데 영국은 중국과 무역할 수 있는 기회를 얻게 돼.
영국
통과!

영국은 중국의 도자기, 차, 금·은 장신구들을 계속 수입하면서,
영국

자신들의 면화를 중국에 팔려고 했어.

그러나 영국의 면화는 중국에서 큰 호응을 얻지 못했지.

결국 영국은 무역을 할수록 적자가 늘어나는 상황이 되었고,

이를 극복하기 위해 인도산 아편을 중국에 팔기 시작했어.
중국
아편
인도

마약의 일종인 아편은 중국 사람들에게 급속도로 팔려 나갔고, 아편에 중독되는 중국 사람들이 많아질수록 영국의 이익도 점점 더 늘어났지.

이 사실을 알게 된 중국은 임칙서를 전권대사로 임명하고 영국의 아편 무역을 금지시키려고 했어.

임칙서는 아편을 몰수하여 바다에 버리고, 아편을 거래하는 사람들을 처형하는 강력한 정책을 추진하지.

이런 조치들에 놀란 영국 정부는 무역 보호라는 명분으로 1840년 6월 영국 해군을 파견하여 중국을 상대로 전쟁을 벌였어.
쾅
쾅
쾅

무능한 청나라 군대는 연전연패하게 되었고,
清
쾅

결국 1842년 6월 영국과 굴욕적인 난징 조약을 체결함으로써 전쟁은 끝났어.

난징 조약으로 중국은 홍콩을 영국에게 할양하였고,
영국
홍콩

배상금을 영국 정부에 지불했으며,
전쟁배상금 1200만달러
몰수한아편배상금 600만달러

상하이 등 5개 항구를 추가로 개방하게 되었지.

천하의 중심이라고 큰소리치던 중국의 위신은 땅에 떨어지고,
中

중국은 서구의 근대적 국제질서에 강제로 편입되었어.
서구 국제질서

청나라가 영국에게 굴복한 이 사건은
영국
淸

중국을 '잠자는 사자'로 여겼던 서구 열강들에게 큰 충격이었어.

이를 계기로 유럽의 여러 나라들이 중국을 침략하기 시작했고,
중국

중국에는 서구 국가들이 주도하는 자본주의 시장경제가 도입되지.
서구
중국
자본주의 시장경제

중국의 개방은 당시의 조선왕조에도 큰 충격이었어.
조 선

삼국시대부터 중국 중심의 세계에 살던 우리 조상들은
중국
조선

중국을 무너뜨린 서구 열강의 세력을 받아들일 준비가 전혀 되어 있지 않았지.

당시 조선왕조의 실권자였던 흥선대원군은

천주교가 조선의 미풍양속을 해치고,

조선의 천주교 신자들이 서구 열강의 스파이라고 생각하여,

천주교 금지령을 내리고 8,000여 명의 천주교 신자들을 학살했는데,

그중에는 9명의 프랑스 신부도 포함되어 있었어.

1866년 로즈 제독이 지휘하는 프랑스 군대는 조선이 프랑스 선교사들을 살해한 것에 대한 책임을 물어, 그 책임자를 엄벌하고 전권대사를 파견하여 프랑스와 조선 간에 외교관계를 맺을 것을 요구했지.

프랑스 군대는 강화도를 중심으로 조선의 군대와 격전을 벌였지만

조선 군대의 저항에 부딪혀 결국 철수하게 되었어.

이 사건을 '병인양요'라고 해.
병인양요

철수하던 프랑스 군대는 강화도에 있던 외규장각의 도서들을 약탈하여 가져갔고,

이것을 우리나라가 영구임대라는 형식으로 2011년에 다시 돌려받을 때까지 무려 145년이라는 시간이 걸렸지.
145

그 다음으로 조선과 통상수교를 요구한 국가는 미국이야.

1871년 미국 로저스 제독의 함대가 제너럴셔먼 호 사건에 대한 배상과 조선과의 통상을 요구했지.

제너럴셔먼 호 사건은 1866년에 미국의 상선 제너럴셔먼 호가 대동강을 거슬러 와 무역을 할 것을 요구하던 중 평양 시민과 군대에 의해 불타 버린 사건을 말해.

로저스의 군대는 강화도를 무력으로 점령하고
강화도

위협적으로 미국과 조선과의 통상관계 수립을 요구했지만,
통상

조선의 격렬한 저항에 부딪혀 그냥 철수할 수밖에 없었어.

이 사건을 계기로 대원군은 전국에 서구 열강과의 화친을 거부한다는 '척화비'를 세우고 통상수교를 거부하는 운동을 전국적으로 전개하게 되지.
洋夷
和
主

조선이 국제질서로 편입된 것은
일본에 의해서야.
국제질서

일본은 다른 서구 국가들과는 달리

조선의 정치 변화를 알고 있었지.

일본은 대원군이 조선 왕실의 권력 다툼에서 밀려나
있는 것을 확인한 후,

1876년 군함인 운요호를 강화도에 파견하여 동해안
일대의 해로를 측량하고 함포로 무력 시위를 했고,

이에 조선의 수비대도 운요호를 상대로
발포했지.

일본은 이것을 구실로 군대를 거느린 전권대사를 조선에 파견하여
일본에 사과할 것과 일본과의 통상관계를 요구했어.
통상

당시 조선 정계는 대원군의
외세 배척에 반대하며
NO

서양의 문물을 빨리 받아들이고
서구 열강과 통상을 하는 것이
문물

나라를 부강하게 하는 것이라고 믿는
'개화파'들이 주류였지.

결국 이들 개화파들이 중심이 되어 일본과 통상외교를 수립함으로써

조선은 근대 국제질서에 편입되게 되었어.
근대 국제질서
조선

1876년 2월에 맺은 이 조약을 강화도 조약(병자수호조약)이라고 해.

그러나 강화도 조약은 일방적으로 일본에 유리한 불평등 조약이었어.

조약의 1조는 '조선은 자주국으로 일본과 평등한 관계를 가진다'고 규정하고 있지만,

이 조항은 중국의 청나라가 조선에 대해 가졌던 권력을 제거함으로써 일본이 조선을 마음대로 침략할 수 있는 길을 열어 주기 위한 것에 불과했어.
명

강화도 조약을 시작으로 조선은 차례로 서구 국가들과 통상외교관계를 맺게 되었고,
통상

근대 국제질서에 완전히 편입되어 갔어.
근대 국제질서

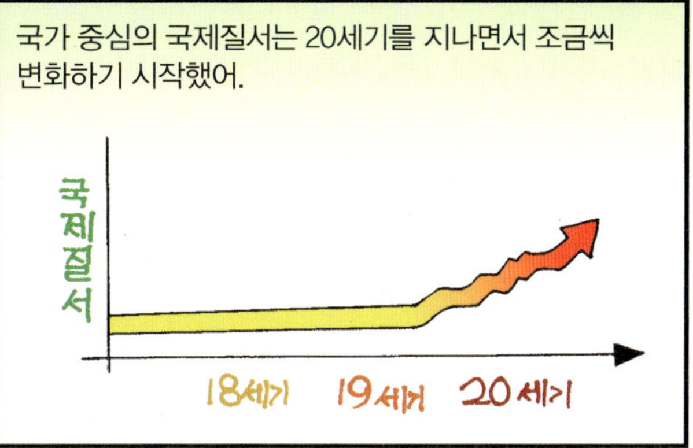

예전에는 국제질서에서 군사력이 가장 중요한 이슈였다면 지금은 경제와 환경 등 다른 영역들로 그 중요성이 옮겨 가고 있단다.

9·11테러로 폭발한 문화적 차이

국제관계는 국가 간 힘의 관계에 가장 큰 영향을 받는 것도 사실이지만, 국제관계에서 문화가 미치는 영향 역시 무시할 수 없어요. 중국이 동아시아의 중심이 되어 국제질서를 이끌던 시기에, 중국은 예(禮)로써 주변 국가를 다스렸어요. 중국이 천하의 중심이므로 주변국들은 중국에 복종하고, 대신 중국은 조공무역을 통하여 주변국들에게 문명과 기술을 전파하는 역할을 담당하는 것이었죠. 즉, 중국 중심의 세계관이 동아시아 국제관계를 만드는 역할을 한 거예요. 중국 문화는 한자를 중심으로 우리나라를 비롯한 아시아 국가들에게 전파되었고, 이런 문화적 전파를 통해 중국의 예가 중심이 되는 국제질서가 형성이 된 것이죠. 중국은 거대한 영토를 가진 강대국으로서 힘으로 아시아의 국제질서를 형성한 것도 사실이지만, 중국 중심의 국제질서에 대한 주변국의 동의는 사실 중국의 문화에 대한 동의가 있었기에 가능한 것이었어요. 이것은 현대의 많은 국가들이 미국의 민주주의와 시장경제 질서에 동의하기 때문에 미국의 주도권을 인정하는 것과 같아요.

베스트팔렌조약을 비준하는 장면.

반면, 30년간 신교와 구교 간에 종교전쟁을 경험한 서구사회는 종교적 믿음만으로는 주변 국가들과의 문제를 해결할 수 없다는 것을 깨닫게 되었죠. 결국 서구사회는 베스트팔렌 조약을 체결하면서 국가가 중심이 되는 근대적인 국제질서를 형성하게 되었어요. 베스트팔렌 조약을 통해 서구사회는 국가가 스

스로의 운명을 정할 수 있고, 국가들은 서로 동등하며, 각 국가들은 다른 나라의 문제에 간섭하지 않는다는 원칙을 확립할 수 있었어요. 이처럼 어떤 사회가 일반적으로 받아들이고 있는 문화적 사실은 그 지역의 국제질서를 형성하는 데 중요한 역할을 하고 있어요.

국제관계에서는 문화적 차이가 큰 충돌을 일으키기도 해요. 2001년 일어난 9·11 테러는 이런 문화적 믿음이 충돌하여 일으킨 대표적 사건이라고 볼 수 있어요. 빈 라덴을 중심으로 한 알카에다 같은 이슬람 과격분자들은 미국과 성전(聖戰)을 일으켜야 한다고 믿어요. 또 미국이 이슬람 세계의 적이고, 적과의 성전에서 순교한 자들은 즉시 천국에 갈 수 있다고 주장하지요. 결국 천국에 갈 수 있는 가장 확실한 방법이 전쟁에서 순교하는 것이라고 믿는 광신자들은 자신의 목숨을 버리

이슬람 근본주의적 성향의 국제 테러리스트 조직 알카에다의 지도자인 오사마 빈 라덴.

는 자살폭탄 테러를 감행할 수 있는 거예요. 9·11 테러는 이런 믿음을 가진 광신적 이슬람교도가 비행기를 탈취하여 미국 맨해튼의 무역센터 빌딩과 워싱턴 D.C의 국방성으로 돌진한 사건이에요. 이처럼 문화는 국제관계를 형성하는 데 중요한 요소랍니다.

국제관계를 이끌어 가는 것은 국가지만,
국제관계
국가

국가가 국제사회를 만들어 가는 유일한 행위자는 아냐.
국제관계
국 가

국가만큼 강력하지는 않지만
국가

국제관계에 영향을 미치는 다양한 행위자들이 있어.
국제관계

당장 UN 같은 국제기구는
UN

세계 환경 문제를 해결하기 위한 국제회의를 주도하여
국가 간 합의를 끌어내기도 하고,

전쟁을 방지하기 위해 평화유지군을 파견하는 등
UN

국제사회에서 여러 가지 역할들을 하고 있지.
UN

뿐만 아니라 '국제적십자사'나 '그린피스' 같은 국제기구 역시 의료 활동이나 환경보호 활동 등을 통해
국제사회에 영향을 미치고 있어.
반대
자연환

그 외에도 각 글로벌 기업들이 국제질서에 미치는 영향은
갈수록 커져 가고 있지.
Coca-Cola
SAMSUNG
現代
Microsoft

그럼 국제질서를 이끌어 가거나
국제질서에 영향을 미치는 행위자들을
알아볼까?
국제질서

국제관계를 이끌어 가는 주된 행위자는 국가야.
국가

국제사회에서 국가로 인정받기 위해서는 영토, 국민, 주권이 있어야 하고, 국가는 정부를 통하여 국민들을 통치할 수 있어야 해.
주권
국가
영
정부
토

국가가 행사하는 '주권'은 다른 나라의 간섭을 받지 않고 자신들의 의사를 최종적으로 결정하는 최고의 권력이야.
주권
국가

이것은 국내적으로 최상의 권위를 의미하고, 대외적으로 국가의 독립성을 의미해.
주권
독립성

정부는 주권을 통해 영토 안에서 법을 제정하여 집행하고
국가
법
법
또
영
토

세금을 부과하며,
세금

대외적으로는 다른 나라들과 외교를 통해
영
토

다른 나라의 인정을 받게 되는 거야.
국가
영토

어떤 국가든 대외적인 국제관계를 형성하기 위해서는 국가 지도자가 반드시 있어야 해.

국가 지도자는 국가를 대표하는 원수로서 국가의 대외관계를 실질적으로 수행하지.

국가 원수를 국민들의 투표를 통하여 정기적으로 선출하는 방식을 가진 나라들이 민주주의 국가야.
투표함

반면 북한이나 쿠바처럼 국민들의 자유로운 정치적 의사 표현이 제한되고 한 국가원수가 장기간 통치하는 국가들을 독재국가라고 해.

제2차 세계대전 이후 국제관계는 UN을 중심으로 형성되어서:
UN
국제 관계

한 나라가 정상적으로 다른 나라의 승인을 받으려면 UN에 가입해야 했어.
UN
승인
승인

UN이 처음 출범한 1945년 UN 회원국 수는 51개국이었는데,
51

제2차 세계대전 후 아시아와 아프리카의 서구 열강들의 식민지로 있던 나라들이 독립하면서 대거 가입했고,
독 립
아프리카
아세아
UN

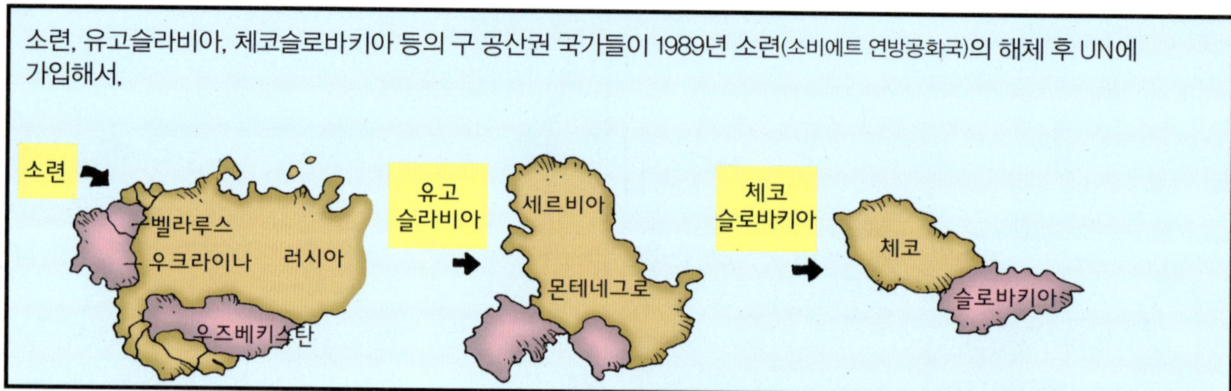

소련, 유고슬라비아, 체코슬로바키아 등의 구 공산권 국가들이 1989년 소련(소비에트 연방공화국)의 해체 후 UN에 가입해서,
소련
벨라루스
우크라이나
러시아
우즈베키스탄
유고 슬라비아
세르비아
몬테네그로
체코 슬로바키아
체코
슬로바키아

현재 회원국 수는 192개국이야.

*2011년 기준

그러나 꼭 UN에 가입을 해야만 국제사회로부터 국가 주권을 인정받는 것은 아니야.
UN

한국은 1991년에, 스위스는 2002년에 UN에 가입했는데,
UN

한국은 중국의 반대로 매번 좌절되었고,
중국
한국

스위스는 영세중립국이기 때문에 UN에 가입할 필요가 없었어.
UN

하지만 UN 가입 이전에도 한국과 스위스는 다른 나라들과 외교관계를 맺고 주권을 가진 국가로 활동을 했지.

또 국가는 아니지만 국가의 역할을 하는 정치적 단위가 있어.

로마에 있는 바티칸의 경우 국가는 아니지만 국가와 같은 역할을 수행하지.

바티칸은 교황이라는 지도자를 갖고 있고,

전 세계 가톨릭 세계를 대표하여 많은 국가들에 대사를 파견하고 있지만,
바티칸

국가는 아니지.

그 외에도 완전히 국가로 승인받지 못하고 있지만 국가가 될 가능성이 있는 정치단체들도 있어.
팔레스타인 해방기구(PLO)

국가의 크기는 천차만별이야.

인구 측면에서 살펴보면 중국처럼 13억 인구를 가진 나라가 있는 반면,
13억
중국

유럽의 모나코와 오세아니아의 산마리노처럼 3만 명 정도의 적은 인구를 가진 국가들도 있어.
모나코
산마리노

현재 세계 200여 개국 가운데 5,000만 이상의 인구를 가진 나라들은 23개국밖에 없어.
23

이 23개국의 인구를 합하면 세계 인구의 75% 정도가 돼.
*중국(13억 3,000만), 인도(11억 5,000만), 미국(3억), 인도네시아(2억 4,000만), 브라질(2억), 파키스탄(1억 7,000만)

국가들의 경제 규모 또한 큰 차이가 있어.

한 나라의 경제 규모는 국내총생산(GDP)으로 비교할 수 있는데,

국내총생산이란 한 나라 안에서 가계, 기업, 정부, 외국인 등 모든 경제 주체들이 일정 기간 동안 경제 활동에 참가하여 생산한 최종 결과물을 시장가격으로 합산한 것을 의미해.
△△기업

국내총생산으로 볼 때 연간 경제 활동 규모가 가장 큰 국가는 미국이야.
미국
세계
*미국 국내총생산(2009년 기준): 14조 달러

그 뒤를 중국, 일본이 따르고 있고, 6대 강국의 국내총생산을 합치면 세계경제의 절반 가까이 돼.

미국: 14조 달러
중국: 5조8,000억 달러
일본: 5조4,000억 달러
독일: 3조3,000억 달러
프랑스: 2조6,000억 달러
영국: 2조1,700억 달러

국제사회에서 나라 간 국력의 차이는 천차만별이야.

미국, 중국, 러시아, 프랑스같이 막강한 경제력과 군사력을 가진 국가들이 있는 반면, 사모아나 솔로몬군도 같은 작은 섬나라들도 있어.

그러면 이런 나라들은 각각의 주권을 가지고 있으니까 국제사회에서 동등한 권한을 행사할까?

물론 아니지.

막강한 국력을 가진 국가는 국제관계를 형성하거나
국제질서를 만들어 가는 데 큰 영향력을 행사하지만,
약소국들은 강대국이 만들어 놓은 질서에
순응하면서 자기 국가의 독립성을 추구하고 있어.

그렇다면 국제질서는 국가들 간의 힘에만
의존하여 유지될까?
문제
국가
국가
국가

국가 간 협력만으로 약자들의 인권이나
환경보존 등 다양한 세계적 문제들을
해결할 수 있을까?
아니.
문제
문제
문제

국제사회는 정치, 경제, 문화, 인권, 환경 등 수없이 많은
다양한 문제들을 안고 있고,
국제 사회
문화
정치
경제
인권
환경

이런 문제들은 국가들 간의 관계로만 해결할 수는 없어.
인권
문화
정치
국가
국가
국가

그래서 여러 종류의 국제기구들이 국가 혹은 다른
국제기구들과 상호작용을 하면서 국제질서에
영향을 주고 있지.
AS
UN
OEC
WTO
WHO
국제 질서

UN은 대표적인 국제기구야.
UN
APEC
OEC
WHO
WTO

1, 2차 세계대전을 겪은 인류는 미래의 전쟁을 막고 평화를 유지하기 위한 방법으로 UN을 조직했지.

UN 헌장은 국제법 앞에서 모든 국가의 주권이 평등하고, 각국은 국내 문제에 대한 완전한 주권을 갖는다고 정의하고 있어.

그리고 모든 분쟁은 평화적으로 해결되어야 한다는 원칙을 규정하고 있지.
국가
UN
국가

그러나 UN이 세계 모든 국가들을 강제적으로 움직일 수 있는 힘을 가진 기구는 아니야.
UN
국가
국가

UN은 국가 간의 여러 가지 분쟁을 조정하고 이것이 전쟁으로 발전하지 않도록 노력하지.
UN

그리고 가난한 나라들에 대한 원조나 개발 사업을 추진하고 조정하는 등의 일을 하고 있어.
UN
UN

그 외 비정부 국제기구(NGO)들은 전문적인 기능을 수행함으로써 국제질서에 영향을 미칠 수가 있는데,
비정부 국제기구의 대표적인 단체로는 국제적십자연맹이 있지.

국제적십자연맹은 평화 시 재난 구조를
주 업무로 해.

대규모 재해가 발생하면 각국 적십자사에 구호 활동을
요청하거나 조정하지.

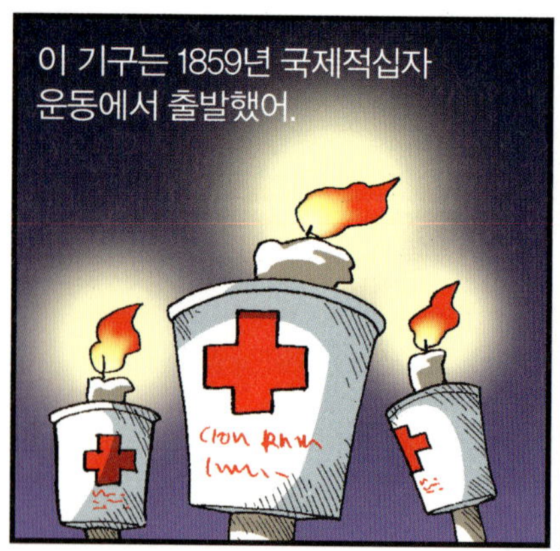

이 기구는 1859년 국제적십자
운동에서 출발했어.

국제적십자운동은
스위스의 앙리 뒤낭이

솔페리노 전투에서 부상자 구호 활동에
참가한 후

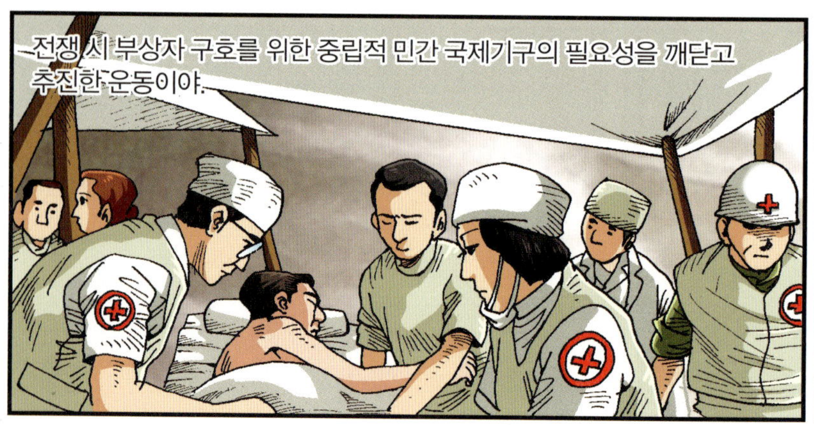

전쟁 시 부상자 구호를 위한 중립적 민간 국제기구의 필요성을 깨닫고
추진한 운동이야.

그 후 1863년 국제적십자가
창설되었고,

*본부: 네덜란드 암스테르담

국제사면위원회는 1961년 5월 창설된 국제기구로, 정치·종교상의 신념 때문에 체포·투옥된 정치범의 석방, 고문과 사형의 폐지 등을 목적으로 활동하고 있어.
*본부: 런던

이를 위해 해당 국가의 정부에 서신을 보내거나
정부
서신
국 가

국제사회에 그들의 인권 개선을 호소하는 운동을 계속하여
인권 탄압을 중단 하라!!

지금까지 약 2만 명의 정치범을 석방시켰고,

이러한 공로로 노벨평화상(1977)과 UN인권상(1978)을 수상했어.
1977

현재 150개 이상의 국가에 지부가 설치되어 있으며, 220만 명이 넘는 회원이 있어.
○○지부
△△지부
□□지부
△△지부
○○지부

한편 다국적 기업도 국제관계에 중요한 행위자로 등장했어.
Coca-Cola
SAMSUNG
現代
Microsoft

이런 기업들은 2개 이상의 국가에서 활동하면서
이런 국가
저런국가

기업 활동에 필요한 각 부문들을 가장 적합한 지역에 설치하고 이것을 세계적 통신망으로 연결하고 있지.

스타벅스를 예로 들어 볼까?

커피 전문 회사인 스타벅스는 미국의 시애틀에 본사가 있고, 판매하는 커피는 에티오피아의 원두를 사용하며, 전 세계 40여 개국의 매장에서 동일한 커피를 판매하고 있지.
STAR BUKS COFFEE
STAR BUKS
CENTER

우리나라의 다국적 기업인 현대자동차 본사는 서울에 있고,
HYUNDAE

한국 외에 미국, 중국, 인도, 독일 등에서 자동차를 생산하며,
독일
중국
인도
미국

미국과 영국 등에서 TV 광고를 제작하고,
HYUNDAE

자동차가 판매되는 거의 모든 나라에 애프터서비스를 제공하고 있지.
AS

국가적 경계를 무시하고

전 세계적으로 기업 활동을 하는
다국적 기업의 목표는

어느 한 국가의 이해관계와
일치하진 않아.
기업
국가

종종 다국적 기업은 소규모 국가들의 국내 정치에까지
영향을 미쳐서
기업
국 가

자신들에게 우호적인 정부를 지지하거나
정부

심지어 그런 정부를 수립하는 영향력을 행사하기도 해.
기업
정부 수립

국제관계는 각국 정부의 지도자들이 중심이 되어

국가들 간 이해를 조정하면서 만들어지지만,
이 익
손해

앞에서 알아봤듯이 나라마다 국력의 차이는 크고,

막강한 군사력과 경제력을 갖춘 미국, 영국, 프랑스, 중국, 러시아 같은 국가들은 국제관계에 더 큰 영향력을 행사할 수밖에 없어.
중국
프랑스
미국
영국
러시아
국제관계

동시에 국가 이외의 UN 등의 정부간 국제기구,
UN
국제관계

국제적십자사 같은 비정부간 국제기구나
적십자
국제관계

마이크로소프트, 애플, 삼성, 현대 같은 다국적 기업들까지
애플
삼성
현대
마이크로 소프트
국제관계

각각의 역할을 하면서 국제관계에 영향을 미치고 있는 거야.
UN
중국
프랑스
국제관계

이제 국제관계를 움직이는 행위자들이 이해가 되지?
국제관계

그럼 다음 장에서는 국제관계를 매우 크게 좌지우지하는 '힘'에 대해서 알아보자.
힘

G20, 국제경제 문제를 해결하러 모이다

경제와 국제관계는 가장 밀접하게 연결되어 있어요. 특히 무역과 금융거래가 국가의 경계를 넘어서 진행되는 현대사회에서 그 관계는 더더욱 밀접하지요. 오늘날의 무역 및 금융제도는 2차 대전 이후 미국에 의해 형성된 거예요. 우선 무역에서 국제사회는 GATT(관세와 무역에 관한 일반협정)를 출범시켰어요. GATT는 관세 및 수출입의 장벽들을 제거함으로써 국제무역의 확대를 도모한 다국적 협정이었죠. 이 협정을 통해 회원국들은 관세를 인하하고, 회원국끼리 관세의 차별대우를 제거했고, 수출과 수입을 제한하는 장벽들을 철폐했어요. 이 협정은 1995년 WTO(세계무역기구)가 출범하기 전까지 전 세계 120여 개국이 가입하여 세계무역의 질서를 유지했답니다.

2011년 IMF 첫 여성 총재로 선출된 프랑스 재무장관 크리스틴 라가르드.

국제금융제도는 IMF(국제통화기금)에 의해 주도되었어요. IMF는 국가 간의 실물거래를 안정적으로 뒷받침하기 위해 설립되었어요. IMF의 구체적인 활동은 국가 간의 외환거래의 안정을 유지하는 것이죠. 2차 대전 전에 서구 국가들은 서로 환율을 조작하여 자신들에게 유리한 무역 조건들을 만들려고 했어요. 결국 이런 시도가 국제경제를 무너뜨렸고 이것이 2차 대전으로 발전한 이유가 된 거예요. 따라서 IMF는 미국의 달러나 금을 기준통화로 삼고 다른 나라의 화폐를 이 기준에 맞추어 안정시키는 정책을 펼쳐요. 그리고 IMF는 회원국의 국제수지가 불균형을 겪을 때 필요한 자금을 공급해 줘요. 바로 우리나라가 1997년 외환위기 때 경험한 IMF 구제금융이에요. IMF는 돈을 낸

만큼 의사결정권을 가지는 구조예요. 10%의 돈을 냈다면 10%의 의사결정권을 가지는데, 현재 IMF에 가장 많은 자금을 낸 국가는 미국이죠. 결국 미국이 가장 강력한 영향력을 행사하는 위치에 있는 거예요.

　제2차 세계대전 이후 출범한 이 제도들은 50년 이상이 지난 지금 국제경제구조의 근본적 변화로 수정되어야 할 필요에 직면해 있어요. 우선 무역에 관한 국가 간 합의를 위해 WTO가 출범했어요. 동시에 국가들은 상호간에 자유무역협정(FTA)을 통하여 무역을 통해 서로에게 유익한 길을 모색하게 되었어요. 반면 거대한 금융자본이 아무런 규제를 받지 않고 국경을 넘는 사태가 발생함에 따라, 1997년 우리나라를 비롯하여 동남아시아 국가들을 어렵게 만든 금융위기나, 2008년 선진국 시장에서 발생한 금융위기가 발생한 거예요.

미국의 투자은행 리먼 브라더스의 파산으로 촉발된 2008년 세계 금융위기.

　국제사회는 이런 경제 문제를 해결하기 위해 G20 같은 국제회의를 개최하기도 했어요. G20 회의는 2008년 세계 경제위기 이후, 이런 위기로부터 세계 경제를 회복시키기 위해 서로 노력하고, 다시는 이런 위기가 발생하지 않도록 하기 위해 세계 경제의 주요 국가들이 모인 국제회의랍니다.

4장 국제사회에서는 힘이 최고일까?

그럼 국제사회도 국제법을 만들어서 지키게 하면 질서가 유지되지 않을까?
국제법

국제법으로 전쟁을 금지하면 전쟁을 일으키고 싶어도 못 일으키고,
국제법

국가 간의 영토 분쟁도 국제법원이 판결로 조종하면 좋지 않을까?
국제법원

하지만 국제사회는 그렇지 않아.
? ? ?
국제사회

국제사회는 통일된 정부도 없고,

국제법이 존재하기는 하지만
국제법

다른 국가들의 행동을 강제로 막지는 못해.
국제법

미국은 다른 나라들의 반대에도 불구하고 이라크와 전쟁을 일으켰고,

일본은 독도를 자기들의 영토라고 주장하잖아.

그렇다면 국제사회를 이끌어 가는 법칙은 뭘까?
국제사회

이 문제에 대하여 많은 사상가들은 '힘'이 국제질서를 유지한다고 주장하고 있어.
국제사회

이런 주장을 하는 사람들을 현실주의자라고 해.
힘!
힘!

대표적인 현실주의 사상가는
현실주의

기원전 6세기경에 활약한 중국의 장군 '손자'야.

손자가 살던 시대의 중국은 주나라 왕조가 무너지면서 전국의 제후들이 패권을 다투며 전쟁이 끊이지 않던 춘추전국시대야.

손자는 유명한 전쟁 참고서인 『손자병법』을 썼는데,

이 책은 2,500년이 지난 지금까지 최고의 전쟁 전술서로 추앙받고 있어.
손자병법

손자는 군사력으로 서로 대치하는 상황에서는 도덕은 중요하지 않고,

전쟁에서 살아남기 위해서는 힘을 적절히 사용하는 방식이 중요하다고 주장했어.

또 '적을 알고 나를 알면 백번 싸워도 위태롭지 않다'는 유명한 말을 남겼지.

고대 중국만이 아니라 서양에서도 국가 간의 관계에 힘이 우선한다는 주장이 많아.
서양
힘!
힘!
힘!

르네상스 시기인 16세기 이탈리아에서 활동했던 마키아벨리는

'군주는 내외의 적으로부터 자신과 국가를 지키기 위해 힘을 갖춘 지혜가 필요하다'고 했어.

당시 이탈리아 반도는 전국시대 중국처럼 통일된 질서가 없이 여러 도시국가들 간 전쟁이 끊이지 않던 시대였어.

이런 시기에 마키아벨리는
『군주론』이라는 책을 통해,
군주론

'군주들이 나라를 지키기 위해서는 도덕을 지키기가 어렵다는 것을
명심해야 한다'고 주장했지.
국   가

또 군주에게 가장 중요한 것은 나라를 지키고 번영시키는 일인데, 이것을 위해서는 때로 배신도 해야 하고,
잔인해져야 하고, 인간성을 포기해야 한다고 가르치고 있어.

19세기 독일의 군사 전략가인
클라우제비츠는

『전쟁론』이라는 책을 통해 이런 주장을 했어.
전쟁은 다른 수단에 의한
정치의 연장이다.
전쟁론

국제관계가 '힘'의 원칙에 의해
지배된다고 주장한
현실주의자들은
힘
국제관계

인간의 본성을 악하다고 보았어,

그래서 모든 사람들이 각자의
이익을 추구하게 되고,
이익
이익
이익

이런 사람들이 모인 국가는 근본적으로 자국의 이익만을 추구하게 된다고 주장했지.
이익
이익
이익
국 가

결국 모든 국가들이 자신들의 이익만을 추구하는 전쟁 상태가 되고,

이런 국제사회는 힘에 의해 질서가 유지된다는 거야.
힘

그러면 국가의 힘이란 무엇이고 이것은 어떻게 측정할 수 있을까?

국제관계에서 힘이란 상대방에게 영향을 미칠 수 있는 능력이라고 할 수 있어.

부자 나라는 가난한 나라에 원조 등을 제공하면서 영향을 미칠 수 있지.
$

군사력이 강한 나라는 약한 나라를 군사력으로 위협하는 것이 가능해.

아랍 국가들처럼 석유자원을 많이 가진 나라들은

석유가 필요한 나라들을 상대할 때 영향력을 행사할 수 있어.

이란과 북한은 강대국은 아니지만

핵무기를 가지고 있다는 이유로

강대국을 상대로 대등한 협상을 하지.

이렇게 힘은 한마디로 정의할 수 없고 측정도 하기 어려워.
힘

국제관계에서 힘이란 여러 가지 차원에서 정의될 수가 있기 때문이지.
힘

그렇지만 예를 들어 설명하면 좀 더 분명해질 수는 있어.
제2차 세계대전이 끝나고 미국과 소련은 서로 경쟁을 하는 관계였어.
2차-세계대전
소련
미국

미국은 자유시장경제 진영을 대표하고, 소련은 공산사회주의 진영을 대표하며, 이 두 국가들은 힘을 바탕으로 자신의 진영에 영향력을 행사하고 있었어.
미국
소련
자유시장경제
공산사회주의

우선 군사력을 보면 미국과 소련은 모두 상대방을 제압할 뿐 아니라
미국
소련
군 사 력
군 사 력

세계를 멸망시킬 수 있는 각종 무기를 가지고 있었어.
쿠
오
오
오
소련
미국

하지만 경제력에서는 달랐지.
소련
미국

미국은 전 세계의 공장으로 세계가 필요로 하는 많은 상품들을 생산하여 다른 나라들과 교류했지만,

소련의 경제력은 미국에 미치지 못했어.

미국의 슈퍼마켓에 시민들이 필요로 하는 생필품이 넘쳐날 때
슈 퍼

소련의 시장에는 늘 물건이 부족하기 일쑤였어.
가 게
없음

결국 미국과 소련의 힘의 경쟁은 1991년 9월 소련이 해체되면서 미국의 승리로 끝났어.

그러나 소련은 해체될 당시에도 여전히 세계 최강의 군사력을 보유하고 있었거든.

군사력은 막강했으나 경제력이 이를 뒷받침하지 못해 분열된 거야.
이렇게 힘은 군사력, 경제력 모두를 포함하는 것이라고 볼 수 있지.

그런가 하면 석유수출국기구(OPEC) 국가들은 석유 공급을 조정함으로써 국제질서에 영향력을 행사해.
석유수출국기구: 1960년 이라크, 이란, 사우디아라비아, 쿠웨이트, 베네수엘라의 5대 석유 생산 및 수출국들이 모여 석유 가격이 하락하는 것을 방지하기 위해 만든 조직.

1970년에 들어서면서 석유수출국기구의 국가들은

석유의 생산을 줄여 석유 가격을 높이는 정책을 취하게 되었어.
에
에

이들 국가의 석유에 의존하고 있던 거의 모든 산업국가들은
미국
일본
프랑스
서독

리터당 2달러 하던 석유 가격이 하루아침에 리터당 10달러로 치솟자 큰 혼란에 빠졌지.
Oil

석유수출국기구는 석유라는 천연자원을 이용하여 국제질서에 큰 영향을 행사한 거야.
$

자원이 국제질서에서 힘이 될 수 있다는 것을 보여 주는 경우지.
자원
국제 질서

여기서 잠깐. 이렇게 국가들이 자신의 이익만을 추구하면 세상이 늘 전쟁터가 되는 게 아닐까?

하지만 힘의 원리를 믿는 현실주의자들은
힘!
힘!

국제관계에서 국가 같은 행위자들이
국가
국가
국 제 관 계

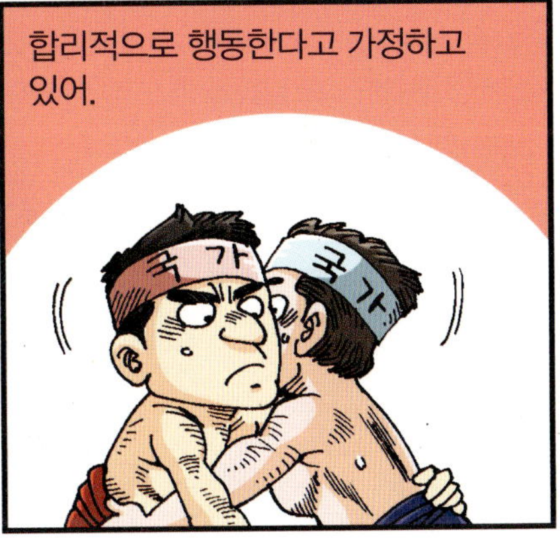

합리적으로 행동한다고 가정하고 있어.
국가
국가

합리적 행위자라는 가정은 첫째, 국가가 자신들의 이익을 확인할 수 있고 여러 이익들의 우선순위를 매길 수 있다고 간주해. 1950년 전쟁을 치른 우리나라의 경우를 보면 이해할 수 있을 거야.
YOU ARE NOW CROSSING
38 TH PARALLEL
US COB 728 MP

1950년 전쟁을 치른 남한의 국가 이익은

전쟁으로 무너진 사회를 다시 재건하기 위해

경제를 살려서 국가의 힘을 기르는 거였지.

국민의 생활이 안정되어야만 군사력도 강화할 수 있잖아.

이처럼 합리적으로 행동하는 국가는 자신들의 이익의 우선순위를 알고 행동한다는 거야.
국가
1
2
3
이익

현실주의자들은 둘째로, 국가가 어떤 행동을 할 때 그로 인하여 발생하는 비용과 효과를 계산할 수 있다고 가정하지.
국가

국가는 패배가 예상되는 전쟁은 먼저 시작하지 않으며,
한판?
국가
안 싸워!

설사 승리할 수 있는 전쟁이라도
국가

자신에게 큰 손해가 될 전쟁은 되도록 피할 거라는 얘기야.
국가

이 힘의 행사에서 비용과 효과를 잘 분석한 사람이 바로 손자였어.
엣헴!

가장 훌륭한 장군은 용감하거나 공격적인 장군이 아니라 손해와 이익을 냉정하게 분석할 수 있는 장군이고,
가장 유능한 장군은 각종 속임수, 협박 등으로 싸우지 않고 적군을 제압하는 장군이다.
이익
손해

손자의 주장은 전쟁 또한 실익을 따지자는 이야기였어.
실!
익!
전쟁

전쟁에서 승리해도 자신의 군대가 큰 손해를 입었다면
승리

그 승리는 전혀 의미가 없다는 거지.
승리

이렇게 국가가 합리적으로 행동한다면

국제사회가 질서를 찾아가는 방법은 뭘까?
질서
국제사회

통일된 중앙정부가 없는 국제사회이니,
중앙정부

한 국가의 힘이 다른 국가의 힘을 견제할 수 있다면 전쟁이 쉽게 일어나지 않겠지?
국가
국가

이것을 국제질서에서는 '세력 균형'이라고 해.
세력 균형

인도차이나 반도의 경우 베트남, 캄보디아, 라오스는 프랑스의 식민지가, 미얀마와 말레이시아는 영국의 식민지가 되었지.

이때 타이는 영국과 프랑스 세력권의 중앙에 위치하고 있었어.

양 국가는 타이를 식민지로 삼고 싶었을 거야.

그러나 만약 타이가 어느 한 나라의 식민지가 되면 인도차이나 반도에서의 세력 균형이 무너져
세력 균형
인도차이나

전쟁이 일어날 가능성이 높아지게 되므로,
영국
프랑스

영국과 프랑스는 이미 획득한 식민지로 만족하고 타이를 양 국가 세력권의 완충지대로 남겨 두었지.
식민지
식민지
식민지
민지
영국
프랑스
타 이
식민지
식민
식민지

세력 균형을 유지하기 위한 또 다른 요소는 국가 간의 동맹이야.
합체!
결합!
국가
국가

자신의 국력을 강화하는 것이 가장 좋은 방법이겠지만
국가

국력 강화는 단기간에 되는 것이 아니거든.
국가

그래서 국가들은 제3의 국가와 동맹관계를 맺음으로써 자신의 능력을 향상시킬 수가 있어.
국가
제3국
3

우리나라는 동맹관계를 가장
효과적으로 이용하는 나라 중 하나야.
강대국

강대국으로부터 우리를 지킬 수 있는
방법은 동맹이었지.
강대국
동맹

우리나라는 미국, 중국, 일본, 러시아 등 세계 최대 강대국으로 둘러싸여
있는 상황에서 남과 북이 분단되어 있어.
러시아
미국
중국
북
남
일본

우리가 노력해서 국력을 키운다 할지라도 미국,
중국보다 더 강한 나라가 되는 것은 어려우니,
중국
미국

과거에 자유민주주의 진영과 공산주의 진영이 나뉘어
있을 때는
민주
공산

미국, 일본과 강한 동맹관계를 맺음으로써 소련, 중국, 북한에
대항할 수가 있었어.
일본
미국
남
중국
소련
북

그렇다면 동맹은 얼마나 오래 지속될까?
흥!

동맹은 수시로 변할 수 있어. 국가는 스스로 자신들의 운명을 개척할 수 있고, 자신들의 이익에 기초해 동맹관계를 맺기 때문이야.
국가
동맹
동맹
동맹
동맹
동맹
동맹

우리나라는 중국과 외교관계를 맺은 1992년에

거의 50년 가까이 가장 친한 동맹관계를 맺어 오고 있던 대만과 단교했어.
대
단교
만

중국은 대만과 외교관계를 맺는 나라와는 외교를 맺지 않는다는 원칙을 갖고 있었기 때문에,
대만
싫어!
중국

더 큰 이익을 위해 50년 친구인 대만과의 관계를 끊은 거지.
대만
이익
이익

이렇게 자국의 이익에 따라 언제든지 동맹을 바꿀 수 있는 게 국제관계야.
대만
이익
이익
중국
국 제 관 계

다른 나라의 예를 볼까?

제2차 세계대전이 끝난 후 미국과 중국은 서로 적대적 관계에 있었어.
2차 세계대
미국
중국

한국전쟁 동안 중국은 북한을 지원했기 때문에
북

미군과 중공군은 서로 총부리를 겨누기도 했지.

그러나 닉슨 대통령이 취임한 후

미국은 중국과의 관계를 개선하려 했어.

미국과 소련이 서로 적대적으로 경쟁하는 상황에서
소련
미국

중국을 동맹으로 삼아 소련을 견제하고 싶었던 거야.

중국의 입장도 마찬가지였어.

중국과 소련은 같은 공산주의 국가이지만 서로 국경을 맞대고 있으면서 영토분쟁을 하는 등 적대적 관계였기 때문에 미국과 동맹을 맺으면서 소련을 견제하려고 했던 거야.
내땅!
중국
소련

이렇게 국제관계에서는 영원한 친구도,
영원한 적도 없어.
적
친구
국제 관계

그래서 프랑스의 드골 대통령은 이런 말을 했지.
프랑스에는 영원한 친구도
영원한 적도 없다.
다만 영원한 이익이
있을 뿐이다.

현실주의자들 중에는 동맹에 의한 세력 균형 외에 압도적인 힘을 가진 한 국가에 의해 국제질서가 유지된다고
주장하는 사람들도 있어.
힘!
국가!

이런 압도적 힘을 가진 국가를 '헤게모니 국가'라고 해.
국가

헤게모니 국가는 단순히 힘으로만 국제질서를
주도하는 것이 아니라
국가
헤게모니

다른 국가들이 동의하는 도덕적, 제도적 질서를
만들 수 있는 능력이 있어야 해.
도덕적
제도적
국가
헤게

대표적으로 19세기의 영국과 20세기의 미국을 들 수가
있지.
국가
영국
미국
19세기
20세기

19세기의 영국은 탁월한 해군력을 바탕으로 세계의 2/3 가까이를 식민지로 경영하면서 해가 지지 않는 나라를 건설했어.
영국

영국은 유럽 대륙에서 독일과 프랑스 간의 힘의 불균형에 개입하면서 유럽의 질서를 안정시켰고,
프랑스
독일

아시아, 아프리카, 오스트레일리아 등지에 식민지 개척을 주도했지.
아프리카
아시아
오스트레일리아

그러나 제2차 세계대전을 겪으면서

미국에게로 그 역할이 넘어가게 돼.
영국
미국
역할

제2차 세계대전 후 미국은 전 세계 상품의 1/2 가량을 생산했어.
미국
세계

미국의 군대는 세계 최강으로 어느 나라도 미국을 상대할 수 없었고,
미국

당시 유일하게 미국만이 핵무기를 보유하고 있었어.
미국
헴!
핵!

미국은 탁월한 경제력으로 전후 무너져 가던 유럽, 아시아 등의 국가들의 재건을 돕고, UN 창설에 앞장섬으로써 국제안보, 경제 등 모든 분야의 국제질서를 주도했어.
경제
국제안보
국제질서
아시아
유럽
UN
미국

헤게모니 국가론자들은 헤게모니 국가의 힘이 국제관계에 질서를 만든다고 주장했는데,
짜~ 잔
국가
질서

미국은 자신의 힘을 이용해 다른 나라가 일으키는 침략전쟁을 막기도 했지.
1992년 이라크의 쿠웨이트 침공.

미국은 또 국제통화기금(IMF)을 만들어 국제금융의 질서를 만들기도 하고,
INTERNATIONAL MONETARY FUND

세계무역기구(WTO)를 통해 국제무역 질서를 만들기도 했어.

그러나 헤게모니 국가에 의한 질서는
국가
질서

다른 나라 입장에서 보면

부당하고 불공정할 수도 있어.

미국은 베트남이 공산화되는 것을 막는다는 목적으로 1961년부터 베트남에 군대를 파견하여 1975년 베트남이 완전히 공산화될 때까지 전쟁을 했지.

베트남 입장에서 보면
미국

미국이 주도하는 국제질서는 과거 제국주의 국가의 질서와 다를 것이 없었을 거야.

현실주의자들은 국제사회에서는 규칙을 강제로 집행할 수 없기 때문에,
삐이
규칙
흥!
국제사회

중앙정부가 없는 무정부 상태라고 보았어.
중앙정부
국제사회

하지만 국가들은 힘의 원리에 따라 합리적으로 행동하면서
국가
국가
국가
국가

자신의 이익을 극대화하기 때문에
국가
이익

국제사회를 규칙이 없는 무질서한 상태라고 볼 수는 없지.
국제사회
조약
조약
조약

그리고 한 국가의 힘은 고정되어 영원불변한 것이 아니야.
아고고, 늙어서……
국가

과거 유럽 전역을 통치하던 로마제국은 오늘날 사라지고 없고,

한때 아시아는 물론 중동, 유럽까지 장악했던 몽골제국은 오늘날 더 이상 존재하지 않아.
몽골 없다~!
?

반면 19세기까지 변방으로 남아 있던 미국은 제2차 세계대전 후 세계를 주도하는 나라가 되었고,
미국

1970년대 후반부터 개혁, 개방 정책을 추진한 중국은 일본을 제치고 미국 다음의 경제대국으로 부상했어.
미국
중국
일본

결국 힘에 의한 질서 유지를 믿는 현실주의자들은
힘!
힘!
힘!

이런 힘의 변화에 빠르게 대응할 수 있어야만

국제질서를 유지할 수 있다고 주장하지.
힘
국제질서

그러나 현실주의자들의 이런 주장들은 여러 가지로 비판을 받고 있어.

첫째, 현실주의자들은 오로지 국가만을 국제사회의 중심축으로 보기 때문에,

국가 이외의 행위자들을 국제질서에서 배제시켜 버려.

또 현실주의자들은 오로지 국가의 안전보장만을 중요시하기 때문에,

실제 국제사회에서 사람들에게 큰 영향을 미치는 환경오염,

국가 간 빈부 격차,

인권 같은 문제들을 경시하는 경향이 있어.

또 국제질서는 국가들 간의 힘의 균형에 의해 유지되기 때문에 근본적으로 평화적일 수 없다고 주장하지.

현실주의자들이 주장하는 안정은 전쟁 직전의 상태에서 더 큰 피해를 막기 위한 차선이라는 거야.

그러나 세계는 여러 상황에서 중요한 평화적 변화를 가져온 경험이 있어.

제2차 세계대전 후 평화를 유지하기 위해 창설한 UN이나,
UN
평화

핵무기 확산 방지 노력이라든가, 지구 온난화를 예방하기 위한 온실가스 줄이기 방안 같은 것이지.
N.P.T

이처럼 힘의 논리에 의존하는 현실주의자들의 주장은
힘!
?
!

국제관계에서의 다양한 변화를 충분히 설명하지 못하고 있어.
국제관계

다음 장에서는 힘 이외에 국제관계를 움직이는 다른 원리를 알아보자.
힘
국제관계
둥실

21세기는 자원 전쟁의 시대

세계경제에 있어 석유 및 천연가스 같은 천연자원은 인류의 에너지 소비에 비하면 부족한 실정이에요. 인류는 하루에 8,300만 배럴의 석유를 소비하고 있어요.(2005년 기준) 이것이 2030년에는 1억 1,500만 배럴에 이를 것으로 예상되고 있죠.

특히 인도, 중국 등 새로운 국가들이 부상하면서 인류의 에너지 소비는 더 폭발적으로 늘어날 전망이에요. 문제는 천연자원의 매장량이 제한적이고 에너지원의 공급은 점점 줄어드는 반면 천연자원에 대한 수요는 점점 늘어나면서, 천연자원을 확보하기 위해 국가들 간에 치열한 경쟁이 일어나고 있다는 거예요. 따라서 국제관계에서 에너지원을 확보하기 위한 국가 간 동맹관계가 점점 더 중요해지고 있는 실정이에요. 이것은 미국, 유럽연합, 중국 같은 국가들이 천연자원을 많이 가진 국가들과의 관계를 개선하려고 노력하고 더 나아가 동맹관계를 유지하려는 정책에서 알 수 있어요. 예를 들어 중국은 과거에는 거들떠보지도 않던 아프리카 국가들에게 호의적으로 접근하고 있죠. 중국은 아프리카 국가들이 보유하고 있는 석유, 희귀광석 등 천연자원 개발에 우선권을 따내기 위해 아프리카 53개국 중 47개 국가들과 우호관계를 맺고 있어요.

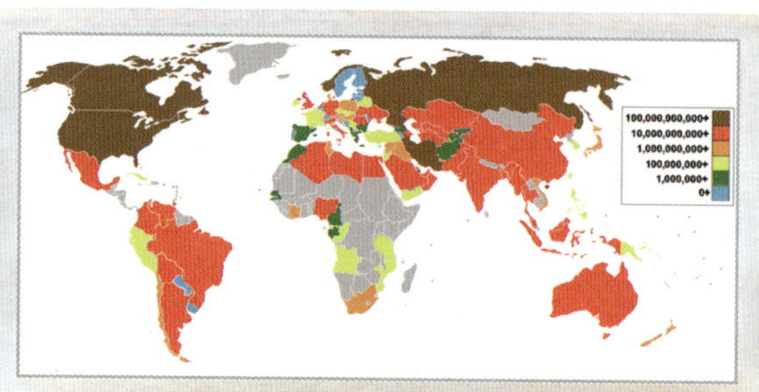

국가별 천연가스 생산량. 갈색과 빨강색이 가장 많은 생산을 하는 나라이다.

중국은 또 최대의 천연가스 매장량을 자랑하는 러시아에게 호의를 보이고 있어요. 과거 중국과 러시아는 서로 적대적인 국가였음에도 불구하고 중국은 러시아와의 관계 개선을 통하여

러시아의 천연자원을 이용하려고 하고 있죠. 유럽연합 역시 많은 천연자원을 가진 터키에 접근하고 있고, 우리나라의 이명박 대통령도 취임하자마자 자원을 확보하기 위한 외교를 국가정책의 첫 번째 목표로 정하고 자원 외교를 추진하고 있어요.

문제는 천연자원을 둘러싼 국가 간의 경쟁이 국제 분쟁으로 발전될 수 있다는 거예요. 특히 미국이 이라크와 벌인 '테러와의 전쟁'의 실제 이유는 이라크의 석유자원을 둘러싸고 미국이 지배권을 확보하기 위해 벌인 전쟁으로 보는 국제문제 전문가들이 많아요. 유럽연합이나 중국 등 많은 국가들이 미국의 이라크 전쟁을 반대한 실제 이유 역시 미국이 이라크의 석유 개발권을 독점하는 것에 대한 반대였다는 거죠. 인류의 천연자원은 점점 줄어드는 반면, 천연자원에 대한 수요는 점점 늘어나는 상황에서 에너지 문제를 해결하기 위한 국제사회의 협력이 절실한 상황이에요.

2003년 3월 20일 미군과 영국군이 합동으로 바그다드를 침공하여 이라크 전쟁이 발발했다.

21세기에는 물 역시 중요한 자원으로 떠오르고 있어요. UN은 2025년에 인류의 60%가 물 부족 스트레스를 받을 것이라고 전망하고 있고, 세계은행은 20세기 국가 분쟁의 원인이 석유였다면 21세기는 물 분쟁의 시대가 될 것으로 예측하고 있어요. 이미 주요 국제하천을 사이에 두고 국가 간의 분쟁이 벌어지고 있어요. 나일 강을 낀 이집트 등 9개국은 물 확보를 위한 분쟁에 시달리고 있고, 메콩 강을 사이에 둔 중국, 미얀마, 캄보디아, 라오스, 태국 등은 UNDP와 세계은행의 중재를 받고 있답니다.

5장 협력으로 풀어 가는 인류 공동의 문제
국가
국가
국가
국가
국가

힘만으로 국제사회의 질서가 유지될 수 있을까?
삐
붕
국제사회

그것은 국제사회를 설명하는 하나의 좋은 이론은 될 수 있지만
국제사회

유일한 것은 아냐.
유일

국가들은 전쟁을 피하고 평화를 유지하기 위해 서로 협력하기도 하고,
전쟁
평화
국가
국가
국가
국가

인류 공동의 문제를 해결하기 위해 공동 규칙을 만들어 내기도 해.
인류
규칙

국제사회가 힘만이 아니라 도덕성, 국제법, 국제기구 등을 통해서 하나의 공동체가 형성될 수 있다고 주장하는 사람들을 자유주의자라고 해.
도덕성
국제법
국제기구
국제 사회
자유주의
자유주의

인간의 본성은 악하지 않기 때문에

평화적이고 협력적인 국제관계를 만드는 것이 가능하다는 거지.
국제관계

자유주의자들은 국가 이외의 행위자들도 국제질서에서 중요한 존재라고 생각해.
국가

1945년 이래 국제기구의 수는 지속적으로 증가하여 UN 같은 정부간 국제기구는 500여 개에 이르고,
UN
WHO
OEC
WTO

국제적십자사 같은 비정부간 국제기구의 수는 수만 개가 넘어.

UN은 국제평화와 안전을 유지하기 위해
UN
국제평화
안전

유효한 집단적 조치를 취하기도 하고,

비정부간 국제기구는
전문화된 기능을 수행하면서

국제사면위원회는 인권 문제,

그린피스는 환경 문제를
해결하기 위해 노력하고,

국제올림픽위원회는 4년마다 치르는 올림픽을 통해
2002
20
1996
1992
1988
19

국제사회에 영향을 미치고 있어.
국제기구
국제사회

또 자유주의자들은 국가가 단일한
행위자가 아니라고 주장해.
!
국 가

국가는 개인, 각각의 이익을 대표하는 이익단체, 그리고 정부의
관련 집단 등 다양한 그룹으로 구성되어 있다는 거야.
한총련
경실련
전교조
그
ㄱ

그래서 다국적 기업이나 특정 이익단체들이 정부를
압박하여 국가의 정책을 바꾸기도 하고,
기업
정부

국가의 정책을 결정하는 대통령이나 총리 같은 사람들이
국민들의 여론을 무시한 결정을 내릴 수 없지.
할까?
우…

그리고 자유주의자들은 국가가 합리적이라는 현실주의자들의 주장을 비판했어.
합리적 …!
국가
현실주의
NO!
자유주의

현실주의자들이 주장하는 이익은 단기적 개별 이익이기 때문에,
이익! 이익!
현실주의
개별이익
별이익
단기적
개별이익

현실주의자들의 주장에 따르면 단기적 이익을 위해서 국가가 전쟁을 할 수도 있다는 거지.
국가
국가
현실주의
단기적이익

이에 반해 자유주의자들은 국가가 장기적 이익을 위해 단기적이거나 개별적인 이익을 희생할 줄 안다는 거야.
장기적 이익
단기적 이익
국가
자유주의

국가가 단기적 이익을 위하여 전쟁을 하는 것은
내 거~!
내 거야!
국가
국가
단기적이익

공동의 장기적 이익을 고려하지 않은 비합리적인 결정이라는 거야.
국가
단기적 이익

단기적 이익, 장기적 이익, 뭐가 뭔지 모르겠지?
예를 통해 보면 이해가 쉬울 거야.
예

현실주의자들에 따르면 핵무기가 있으면 다른 군사비를 지출하지 않고도 국가의 안보를 지킬 수 있으므로
핵
현실
국가 · 안보

모든 국가들이 핵무기를 보유하려고 시도한다는 거야.
핵
핵
핵
핵
국가
국가
국가
국가

그리고 합리적으로 행동하는 핵 보유 국가들은
핵
핵

위협은 할지언정 핵무기를 실제 사용하지는 않을 것이므로
핵
핵

전쟁을 방지할 수 있다고 하지.
전쟁
핵

이에 반해 자유주의자들은 국가들이 핵무기를 보유하는 것 자체가 비합리적이라고 주장하지.
자유주의
국가
국가

핵무기 보유 국가들은 그것을 사용할 가능성을 늘 갖고 있고,
핵
핵
핵
!

만에 하나 핵무기를 사용할 경우 무서운 결과를 가져오기 때문에

합리적인 국가는 핵무기를 소유하지 않는다는 거야.
NO
핵
핵
핵

대표적인 것으로 1970년 발효된 '핵확산금지조약(NPT)'이 있어. 이것은 미국, 소련, 영국, 프랑스, 중국 등 5개 핵무기 보유 국가들은 핵무기 보유를 줄이고, 핵무기를 보유하지 않은 국가가 핵무기를 개발하거나 보유하지 못하도록 하는 국제제도야. 현재 189개국이 이 조약의 당사국이지.

그러면 국가들이 평화로운 국제질서를 만들기 위해서 어떤 노력을 하는지 알아볼까?
국가

인류 역사상 국가 간 협력의 대표적인 모델은 단연 UN이야.

2차 대전의 참혹함을 경험한 인류는

더 이상의 전쟁을 막고
인류
전
쟁

국제평화를 유지할 수 있는 공동의 기구가 필요했지.
국제평화
?
인류

UN은 2차 대전의 승전국인 미국, 소련, 영국 등을 중심으로 51개의 국가들이 모여 1945년 창설되었어.

그 후 새롭게 독립하는 대부분의 국가가 UN에 가입하면서 현재 UN 회원국 수는 192개국이야.
UN 회원국
192

그럼 UN이 세계정부일까?
아니.
DO

UN 헌장에는 모든 회원국들이 주권을 가지고 있고 평등하며, UN은 회원국의 국내 문제에 간섭할 수 없다는 것을 분명히 규정하고 있어.
UN헌장
모든 회원국들이 주권을 가지고 있고 평등하며 회원국의 국내문제에 간섭할 수 없다.

UN은 회원국들이 UN 안에서 자국의 이익을 추구하기도 하고 인류 공동의 문제에 협력하는 국제제도지.
이익
이익
U N

UN은 세계 국가들이 UN의 필요성을 공동으로 인정하고 동의하기 때문에 존재하는 거야.
UN

UN의 활동 중 가장 중요한 것은 국제평화와 안보 유지야.
휴!
위 협
UN

UN 기구 중 가장 중요한 기구로는 안전보장이사회가 있지.
5개의 상임이사국(미국, 영국, 프랑스, 중국, 러시아)과 2년마다 선출되는 10개 비상임이사국으로 구성되어 있음.

안전보장이사회는 국제 분쟁이 발생하면 군대를 파견할 수 있어.

1990년 걸프전쟁 때, 미국을 중심으로 한 국가들은 안전보장이사회를 소집하여 이라크의 침략을 비난하고 쿠웨이트에서 군대를 철수할 것을 요구했고,

34개국이 참가한 다국적 연합군을 파견했어.

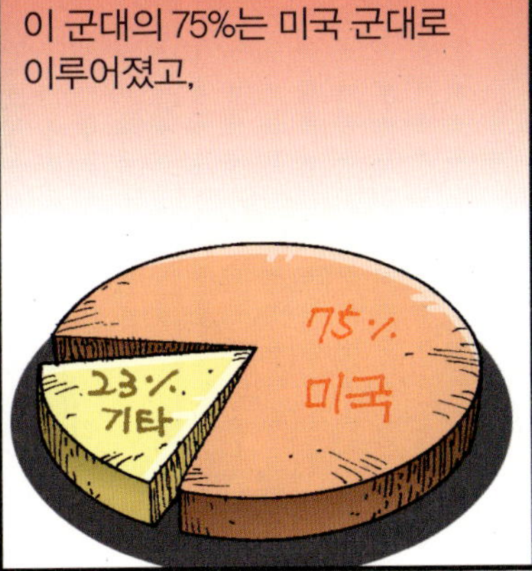

이 군대의 75%는 미국 군대로 이루어졌고,
75% 미국
23% 기타

군대를 파견하지 않은 독일과 일본은 대신 160억 달러 가량의 자금을 지원했어.
160억 달러

또 안전보장이사회는 5개 상임이사국에게 거부권을 부여하고 있어.
러시아
미국
프랑스
중국
거부권
거부권
거부권
거부권

UN 헌장에는 모든 국가가 평등하다고 규정하고 있지만,
모든 국가는 평등하다-!!

사실은 능력에 따른 평등이라고 볼 수 있지.
친구아이가?

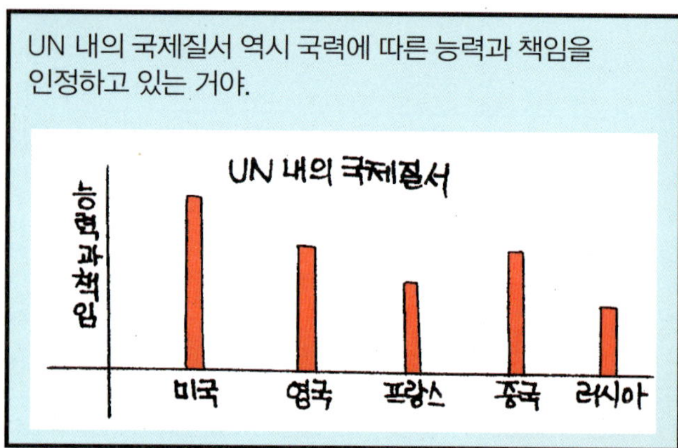
UN 내의 국제질서 역시 국력에 따른 능력과 책임을 인정하고 있는 거야.
UN 내의 국제질서
능력과 책임
미국
영국
프랑스
중국
러시아

그래서 거부권을 가진 국가들은 자신에게 불리한 경우에는 거부권을 행사할 수가 있어.
거부권

이 상임이사국 구조에 관해서는 논란이 많아.
상임이사국
미국

UN이 창설된 지 60년이 지난 지금
UN

세계 국가들에도 큰 변화가 있었어.
1970
1960
1950
1940

독일과 일본은 UN의 활동에 큰 기여를 함에도 불구하고 상임이사국이 아니고
독일
일본
상임이사국

세계 인구의 20%를 차지하는 인도도 역시 상임이사국이 아니야.
인도
상임이사국

독일의 상임이사국 지위는 유럽에서 자신들의
기득권을 유지하려는 프랑스가 반대할 테고,
독일
프랑스
상임이사

일본은 과거 일본으로부터 침략을 받았던 우리나라를
포함한 동아시아 국가들과 중국이 반대할 거야.
일본
반대! 난 반대! 나도 반대

이렇듯 UN이라는 국제기구
내에서도
UNGGIN

국가들은 여전히 자국의 지위와 이익을 위해 활동하고 있는 것을 볼 수가
있지.
이익
이이익

UN의 대표적 활동 중 또 하나는
평화 유지 활동이야.
UN
UN

UN은 지역 분쟁을 잠재우고 전쟁 당사자들 사이에서 중립적인 역할을
수행하는 평화유지군이라는 독자적인 군대를 두고 있는데,

그들은 1988년 노벨평화상을
수상하기도 했어.
노벨 평화상
UN

평화유지군은
UN 사무총장이 소집하는데,
집합!
UN

분쟁이 발생하는 지역과 무관한 회원국들의
군대로 구성이 돼.

또 평화유지군의 파견은 분쟁 당사국 정부가 요청하는 경우에만
가능하고, 만약 당사국이 철수를 요청하면 즉시 철수해야 해.
NO!

UN의 평화유지군 활동은 일반 군대의
활동과 조금 다른데,
≠

주로 감시와 평화 유지 두 가지로
볼 수가 있어.
감시
평화유지

우선 감시 활동을 위해 소수의
비무장 군인으로 구성되는
UN 감시단은

현지에서 일어나는 일을 관찰하여
UN에 보고하는 활동을 해.

UN 감시단은 당사국이 전쟁을 방지하기 위한 협정을 위반하는지,
주민들의 인권을 침해하는지 등을 감시하는데,

이들의 활동은 민간인들을 보호하고
전쟁을 방지하는 효과가 있어.

평화 유지 활동은 대포·탱크 같은 중무기 없이 자동소총 정도로만 무장한 군대가 전쟁을 하는 양 당사국 사이에
주둔하면서 수행하지.

상대방을 공격하려면 UN군을 공격할 수밖에 없는 상황을 만들어
앗, 미안!

양측을 분리시키는 전략이야.

이것은 전쟁 당사자들이 전쟁을 억제하도록 하는 기능을 해.

가장 대표적인 평화 유지 활동은 1999년 말 동티모르에서였어. 동티모르는 포르투갈의 식민지였다가 20년간 인도네시아의 점령 하에 있었고, 이곳에서 UN은 1999년 주민들에게 독립의 여부를 묻는 국민투표의 감시를 맡고 있었지.

이에 인도네시아 정부는 동티모르의 독립을 방해하기 위해
인도네시아
동티모르
독립

친인도네시아 민병대를 동원해 방화와 살인을 저질렀어.

1만 3,000개 이상의 섬을 가지고 있는 인도네시아는

다른 지역의 분리 독립 운동을 사전에 막기 위해
쓰…
도……
독립……

동티모르를 무자비하게 탄압했지.
동티모르잡기!
인도네시아

결국 UN 평화유지군이 파견되어 2000년까지 과도정부의 역할을 하면서 동티모르의 독립을 지원했어.

우리나라의 상록수부대도 국경선 통제와 치안 확보, 순회 진료와 구호품 전달 등의 활동을 했지.

UN을 대표하는 사람은 사무총장이야.

사무총장은 안전보장이사회에서 선출되는데

5개 상임이사국의 만장일치로 임명이 돼.
러시아
영국
미국
프랑스
중국

UN 사무총장은 중립적 중재자로서 국제 분쟁을 일으키는 당사자들을 협상 테이블로 끌어내고,
협 상

국제 평화와 안보를 위협하는 상황이 발생하면 안전보장이사회를 소집하여 문제 해결을 위해 노력하지.
프랑스
미국
러시아
중국
영국

그러나 사무총장이 세계의 대통령은 아니야.
세계

우선 임명될 때 강대국인 상임이사국의 동의가 필요하고,
영국
미국
프랑스
중국

상임이사국의 동의가 없으면 아무것도 할 수가 없어.
NO
미국
중국

UN 총회는 1년에 한 차례 9월 말에 소집돼. 전체회의는 각국의 대통령, 총리, 외무부장관 등이 나와서
연설을 할 수 있으므로 각 국가들이 자신들의 입장을 밝힐 수 있는 좋은 기회지.

새로운 회원국의 UN 가입도
총회에서 결정돼.

우리나라도 1991년 UN 총회의 동의로
남북한이 동시에 가입했어.
UN

또 총회는 UN의 주요 활동에 드는
예산에 관한 결정을 하거나,

*회원국 2/3 이상의 동의

지구환경 문제, 인권 문제, 여성 문제, 아동 문제 등에 관한
구체적 활동을 하고 있어.
UN 환경계획(UNEP): 지구 환경 상태를 감시하고, 대체 에너지 개발을 요청함.
UN 난민고등판무관실: 전쟁이나 정치적 박해 등을 피하여
다른 나라로 피난한 사람들을 구호함.
UN 아동기금: 빈곤한 나라의 어린이들을 보호함.

이처럼 UN의 깃발 아래 일어나는
일들은 수없이 많아.
UN

국가들의 협력으로 해결하기 어려운 거의 모든 전 세계적 문제를
UN이 담당하고 있는 셈이야.
UN
국가
국가
국가
국가

과학기술이 곧 힘이다!

50년 전 2차 대전이 끝난 후 미국 사람들은 일본 사람들에게 불과 몇 달러에 컴퓨터 기술 특허들을 넘겨주었어요. 미국 사람들은 전쟁에 패하여 황폐화된 국가가 그것을 가지고 무엇을 할 수 있겠느냐고 생각했을 거예요. 그러나 일본 사람들은 그 컴퓨터 기술을 더욱 발전시켜, 전자 산업, 자동차 산업 등에 응용하였죠. 결국 소니, 미쓰비시, 도요타 같은 일본 대기업들이 전자제품이나 자동차 산업에서 전 세계적 주도권을 잡게 되고 미국을 비롯한 서구 기업들을 시장에서 몰아내는 데까지 이르렀어요.

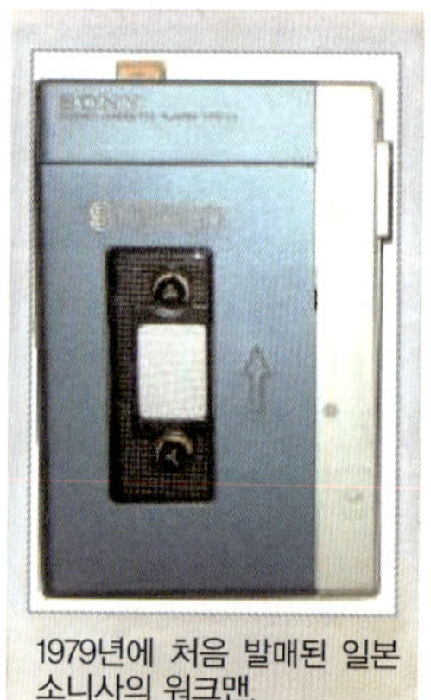

1979년에 처음 발매된 일본 소니사의 워크맨.

우리나라 역시 30년 전 일본으로부터 조선, 자동차, 반도체 등에 관한 기술을 전수받았어요. 당시 세계 최고의 기술력을 자랑하던 일본의 입장에서는 우리나라가 전수받은 기술로 새로운 산업을 일으킬 수 있으리라고 생각하지 못했을 거예요. 그러나 우리나라는 현재 조선, 반도체 산업에서 일본을 추월했고, 자동차 산업 역시 일본을 따라잡고 있어요. 이런 첨단 기술력의 확보로 우리나라는 세계 10대 무역국이 되었고 13대 경제대국으로 발전할 수 있었죠.

2차 대전 후 미국 역시 독일의 기술력과 과학자들을 이용하여 원자폭탄을 만들거나 컴퓨터 산업을 일으키는 등 기술력 확보를 위한 노력을 많이 했어요. 이처럼 첨단 기술을 소유한 국가들은 그 기술을 군사적으로 응용하여 국방력을 증강시키고, 동시에 그 기술을 상업적으로 발전시켜 세계 시장에서 자국 상품의 수출을 늘리는 등 자국 산업의 주도권을 확보하게 되었죠. 과학기술이 국제관계에 주도권을 행사하는 데 중요한 변수가 될 수 있는 거예요.

첨단 과학기술을 먼저 개발하기 위해 국가들이 서로 치열한 경쟁을 하는 것은 이 때문이에요. 과거 미국과 소련은 원자력, 우주 기술 등을 먼저 개발하여 이것을 군사적, 상업적 목적으로 활용하려고 경쟁을 벌였어요. 이들 국가들은 기술의 우위를 확보하기 위해 상대방 국가에 산업 스파이들을 침투시켜 기술을 훔치는 공작을 꾸미기도 해요. 국제사회의 강대국으로 부상하는 중국 역시 미국을 포함한 다른 선진국들의 기술력을 따라잡기 위해 많은 예산을 투자하여 기술 개발을 할 뿐 아니라 기술을 훔치기 위한 스파이 전쟁을 벌이고 있어요.

완전한 규모의 핵융합 발전의 과학적이며 기술적인 가능성을 보여 주기 위해서 설계된 ITER(국제열핵융합실험로).

그러나 국가들은 동시에 인류의 미래를 위한 기술 개발을 위해 협력하기도 해요. 우주 개발에 있어서 미국과 러시아는 경쟁관계에 있는 것이 분명하지만 우주정거장을 공유하기도 하고 여러 가지 우주실험을 공동으로 추진하여 결과를 공유하죠. 현재 진행되고 있는 핵융합 개발은 국가 간 협력의 대표적인 사례예요. 유럽연합, 일본, 중국, 인도, 미국, 캐나다 등의 국가들은 미래의 에너지인 핵융합 기술을 개발하기 위해 ITER(International Thermonuclear Energy Reactor)라는 국제기구를 만들고 공동으로 기술을 개발하고 있어요.

6장 세계화, 지구촌 시대의 새로운 국제관계

대학은 미국에서 졸업했고,
대학

UN에서 근무하며 아프리카의 케냐에서 교육개발 일을 했고,
UN
케냐

지금은 한국에서 사업을 하고 있지.

한국에 와서 낳아 준 부모님을 찾고는 한국 국적을 갖고 싶었지만,
그를 키워 준 프랑스 부모들 생각에 프랑스 국적도 포기할 수 없었지.

다행히 한국 정부가 그에게 이중국적을 가질 수 있도록 허락했고,
이중국적

프랑수와가 일했던 케냐는 그에게 케냐 시민증을 주기도 했지.
시민권

그럼 프랑수와는 어느 나라 사람일까?
프랑스인?
한국인?
케냐인?

세계인이라는 말이 더 어울릴 거야.
세계인

실제로 이런 친구들이 제법 많아.
세계인
세계인
세계인
세계인
세계인
세계인

이것은 현재 일어나고 있는 세계화 현상을 잘 보여 주는 예라고 할 수 있지.
세계화

글로벌 기업의 예를 보면 세계화의 과정을 더 잘 이해할 수 있을 거야. 우리나라 자동차 회사인 현대·기아차는 미국, 중국, 인도, 터키, 체코, 슬로바키아 등에 제조 공장을 두고 있어.
터키
미국
중국
인도
슬로바키아
체코

글로벌 기업들에게 더 이상 국경은 존재하지 않지.
기아
현대
국경

많은 사람들이 즐겨 신는 나이키 신발의 경우

디자인은 미국의 본사에서,

생산은 중국, 태국, 말레이시아 등에서,
중국
말레이시아
태국

판매는 전 세계적으로 일어나기 때문에 대륙별, 나라별로 거대한 물류 창고가 있어.

그럼 세계화는 기존의 국제관계와 무엇이 다를까?
세계화
국제관계

세계화 이전에도 국가 간에 무역과 사람들의 왕래가 있었어.

세계화 이전의 국가 간 거래를 국제화라고 해 .
Internationalization
Inter= '사이의', '상호간의'
Nation= '국가'

즉, 국제화는 국가라는 존재를 전제로
국가
국가

단지 국경을 가로질러 경제 활동의 영역이 넓어지는 것을 의미했어.
국가
국가
국 경

국제화는 국가의 발전과 국제 협력이 증진되어 가는 과정이지.
국 제 화
국가발전
국제협력

이에 반해 세계화는 국가의 영역을 초월하여 전 지구적 차원에서 경제 활동 및 협력이 이루어지는 것을 의미해.
Globalization
Global='세계적', '지구적'

세계화 현상이 가속화된 가장 큰 이유는
세계화

자본주의 진영과 공산주의 진영으로 양분되어 있던 세계 시장이
미국
소련

공산주의 진영의 붕괴로 하나로 통합됐기 때문이야.
공산주의
자본 주의

1989년 10월 자본주의와 공산주의 진영의 분리를 상징하고 있던 베를린 장벽이 무너진 사건은 자본주의 경제가 전 세계적으로 확산되면서 세계가 하나의 시장으로 통합되는 계기를 만들었지.

세계 시장이 하나로 통합된다는 것은 무슨 의미일까?
과거에는 한국의 기술, 한국 사람의 디자인, 한국 노동자의 노동으로 제품을 생산했다면,
KOREA

세계화 시대에는 한국 회사의 제품을 영국 회사가 디자인하고,
디자인사

독일의 기술을 도입하고, 일본의 기계를 이용해,
일 본

중국에 있는 공장에서 생산하여 전 세계로 수출하지.
중국

이제는 생산과 기술의 국적이 중요한 것이 아니라
외제
일제
미제

글로벌 네트워크를 이용하여 기술과 생산을 결합하는 것이 더 중요해졌지.
IT 전시장
EXPO 1관
산

세계화를 가속화시킨 다른 요인은 정보통신 기술의 발전이야.
세계화
정보통신

정보통신의 발달을 통해 이제는 안방에서 세상 돌아가는 이야기를 실시간으로 알 수 있어.
세계는 지금

기업들은 사람들이 세계의 소식을 실시간으로 접하게 된 환경을 이용하게 됐지.

인터넷이나 TV를 통하여 자신들의 제품을 전 세계에 동시에 광고할 수가 있게 되었고,
LG
SAMSUNG
SONY

세계 어디를 가든 사람들은 맥도날드 햄버거를 먹고,
McDo

콜라를 마시고, 나이키 운동화를 신는 등
Cola

세계화된 상품을 소비하는 문화 속에서 살게 되었어.
Coffee STAR

세계화가 가속화된 또 다른 원인은 전 지구적 차원에서 해결해야 하는 문제들이 늘어나고 있기 때문이야.

지구 온난화를 어느 한 나라가 막을 수 없고, 국제 금융위기는 몇몇 나라의 문제가 아니게 되었지.

세계화가 국제관계에 가져온 근본적 변화는 첫째, 개인 간, 국가 간에 서로 의존하게 만들었다는 거야.
세계 어느 한 지역에서 발생한 사건은 지구 반대편에 있는 지역에도 영향을 미치게 되었다는 거지.

이것은 2003년 홍콩에서 발생한 사스 바이러스 사태를 보면 알 수 있어.
HONG KONG

비행기 같은 교통수단의 발달은 세계를 더 좁게 만들었고
이따 놀러 와!

이것이 결국 짧은 시간에 바이러스가 전 세계로 확산되게 했어.
바이러스

또 1997년 태국에서 발생한 외환위기는 인근의 필리핀, 인도네시아를 넘어, 우리나라가 국제통화기금(IMF)의 금융구제를 받는 사태에까지 이르게 했지.
필리핀
인도네시아
한국

이제는 자본이 세계적으로 움직이는 시대라 어느 한 국가가 통제할 수 없게 되었어.

둘째, 세계화는 국제관계 행위자가 다양해지는 결과를 가져왔어. 국가 외에도 글로벌 기업, UN 같은 정부간 국제기구, 적십자사 같은 비정부간 국제기구들의 활동이 더 중요해졌지.
UN
SamSang
Micro Soft

세계화 시대에는 군사, 경제 문제뿐 아니라
군사
경제

환경, 인권, 질병, 여성 문제 등 다양한 이슈들이 중요해졌고
인권
환경
여성
질병

이런 이슈들을 다루는 NGO들의 역할이 급속히 늘어났지.
성
인권
질병
환경
NGO

이것은 남·북한 문제에서도 쉽게 발견할 수 있어.
북
남

북한은 지난 90년대부터 핵무기 개발로 국제정세를 위협하여,
핵
국제정세

한반도 주변의 6개국은 6자회담을 통해 그 문제를 해결하려고 하고 있는데,
러시아
미국
중국
북
남
일본

한편으로 북한은 시급한 식량 부족 문제를 해결하기 위해

중국, 남한, 미국 등에 식량 원조를 요청하고 있는 실정이야.
미국
중국
한국

이런 북한의 어려움을 파악하고 원조하는 단체는 국가뿐만 아니라
국가

세계식량계획(WFP) 같은 국제기구, 컴패션(Compassion)이나 국제기아대책본부 같은 NGO 단체들 등 다양해.

'국경 없는 의사회' 소속의 의사들은 북한에서 의료봉사를 하고 있지.

이처럼 북한 문제와 관련되어 활동하는 행위자들은

주변 6개국뿐만이 아니라
남한
중국
러시아

각종 국제기구와 비정부단체 등 다양하게 구성되어 있어.
유니세프
Non Governmental Organizations
월드비전

이렇게 상호의존의 중요성이 증가하고
국제기구
NGO

다양한 행위자들이 활동하는 세계화 시대의 국제관계에서는
세계화
국제 관계

상호협력을 강화하는 '국제제도'의 중요성이 강조되지.
국제 제도
국가
국가
국가
국가

대표적인 국제제도인 세계무역기구(WTO)는 1947년 체결된 GATT(관세 및 무역에 관한 일반협정)에서 발전된 국제기구야.

GATT는 공평하게 무역하기 위해 국가들이 관세를 낮춘다는 원칙의 조약이었어.
국가
GATT
국가
국가
관세

그러나 여러 국가들이 동일하게 관세를 낮추는 등 무역의 장벽을 낮추는 것은 매우 어려운 일이야.
국가
국가
국가
무역의 장벽

산업의 발전이 뒤떨어진 나라들이 선진국과 같은 조건으로 무역을 하기는 어려운 일이거든.

제2차 세계대전 후 미국을 제외한 거의 모든 나라들이 같은 입장이었을 거야.
미국

그래서 공정한 무역을 위한 관세 인하에 합의한다는
것은 매우 어려운 일이었어.

관세인하
NO

결국 공정 무역을 위한 다섯 번의 국제회의가 있었는데,
이들 협상을 '라운드'라고 해.

라운드

이런 과정을 거쳐
1995년 1월에 출범한
세계무역기구는

세계무역의 90% 이상을 감시하고
규제하며

세계무역

세계무역질서를 이끌고 있지.

세계무역
질서
WTO

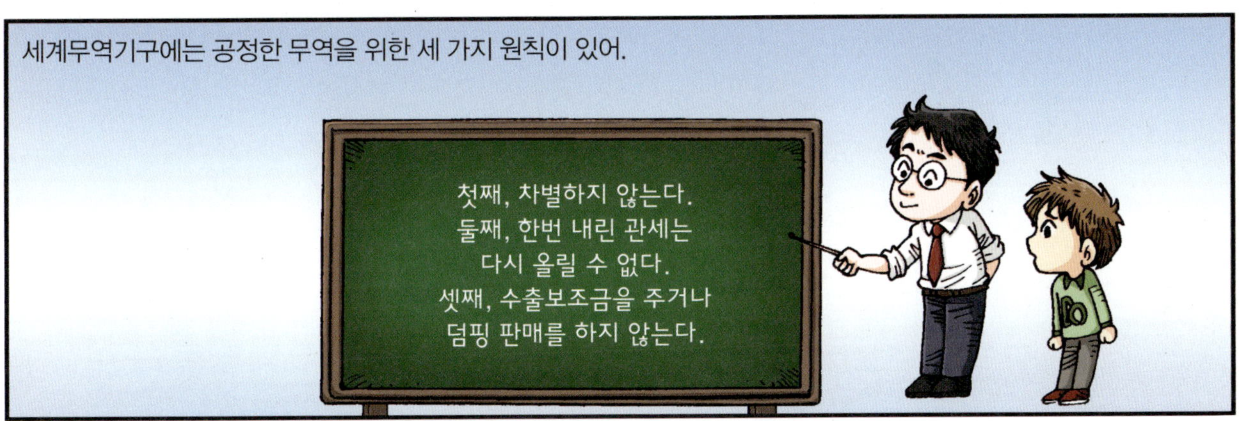
세계무역기구에는 공정한 무역을 위한 세 가지 원칙이 있어.

첫째, 차별하지 않는다.
둘째, 한번 내린 관세는
다시 올릴 수 없다.
셋째, 수출보조금을 주거나
덤핑 판매를 하지 않는다.

첫 번째 차별 금지 원칙은 세계무역기구에 가입한 국가들은 모든 조건을 동등하게 해야 한다는 뜻이야.
예를 들어 우리나라가 유럽산 자동차에 20% 관세를 부과했다면 미국산 자동차에 대해서도 똑같이 20%를
부과해야 한다는 거지.

20%
미국산
WTO
20%
유럽산

두 번째 관세율 불변 원칙은, 예를 들면 미국이 수입하는 의류에 부과하는 관세를 30%에서 15%로 한번 인하했다면 다시 30%나 그 이상으로 관세를 올릴 수 없다는 거야.

세 번째 수출보조금과 덤핑판매 금지 원칙은, 만약 가격이 100만 원인 어느 한국 회사의 컴퓨터에 한국 정부가 개당 30만 원씩 보조금을 지급한다면

한국 회사는 개당 70만 원에 컴퓨터를 수출할 수가 있지.

가격이 30만 원이나 싸진 제품에 대해 외국 소비자들은 더 많은 한국 컴퓨터를 사게 될 거고

다른 컴퓨터는 덜 팔리게 될 거야.

덤핑도 비슷한 경우인데, 국내 가격이 100만 원인 컴퓨터를 외국 시장에 70만 원에 수출하면

동일한 결과가 나타나게 되고 이것 역시 공정하지 못한 거래가 되는 거지.

한편 세계무역기구는 무역에 관한 약속을 잘 지키지 않거나

국가 간에 무역에 관한 분쟁이 발생한 경우,

준사법적인 기능을 할 수가 있어.

세계무역기구는 국가 간 경제 분쟁에 대한 판결권이 있고,
판결

미국, 유럽연합, 중국 등 강대국들도 그 판결한 사항에 대해서는 따라야만 해.
판결
중국
미국
유럽연합

과거 GATT 때에는 분쟁 당사자가 결정에 대한 거부권을 행사할 수 있었는데,
GATT
판결
NO-!
거부권

세계무역기구에서는 거부권이 받아들여지지 않아.
WTO
거부권

이 점에서 세계무역기구는 무역 분쟁에 관한 사법부 역할을 한다고 볼 수 있어.
法
WTO

회원국들은 국제 무역 질서를 유지하는 것이 결국 자국에 이롭다고 생각하고
WTO
이익
이익
이익
이익

세계무역기구라는 국제제도를 인정하는 거지.
WTO

그러나 무역 자유화를 위한 국가 간 협상이 벌어지는 반대쪽에서는
협상

이 협상에 반대하는 시위가 벌어지기도 해.
무역협정결사반대!!
반결사
반
반

2003년 9월 카리브 해 연안의 칸쿤에서

세계무역기구 주도로 세계무역의 자유화에 관한 국제회의가 열렸을 때,
WTO 국제회의장

전 세계에서 온 많은 사람들이 무역 자유화를 반대하는 시위를 했고,
WTO 반대
세계무역협정 반대한다!!
결사
세계
반대

우리나라 농민단체들도 참여했었어.
반대
반대
반대
결사

이처럼 세계 곳곳에서 세계화를 찬성하는 그룹과 반대하는 그룹 간에 팽팽한 대립이 일어나고 있어.
무역협정 찬성한다.
찬성!!
찬
WTO 반대!!
반대
반

세계화를 통해 승자가 되는 사회와 개인들이 있는 반면에,
세계화

세계화를 통해 패자가 되는 사회나 개인이 있기 때문이지.
세계화

그럼 세계화를 통해 혜택을 얻는 사람들은 왜 세계화를 지지하는지 먼저 알아볼까?
세계화

첫째, 이들은 세계화가 글로벌 시장의 역동성을 가져왔다고 주장해.
세계화
글로벌

세계가 하나의 시장이 되면서 선진국의 우수한 기술들이 개발도상국으로 이동하게 되고, 이것이 경제적 풍요를 가져오게 되었다는 거지.
선진국
기술
개발도상국

아시아, 동유럽 등 새로운 시장에 자본이 몰리면서
동유럽
아시아
$

새로운 기업들이 생기고, 많은 일자리가 창출되어,
새기업
기업
기업

사람들은 과거에 누리지 못했던 부를 경험할 수 있게 되었어.

예를 들어 델이라는 컴퓨터 회사는 말레이시아로 공장을 옮겨 낮은 임금의 노동력으로 생산한 결과
DELL
말레이시아

컴퓨터 가격을 30% 정도 낮출 수 있었고, 소비자들은 더 낮은 가격으로 제품을 구입할 수 있게 되었지.
30% 인하
DELL
DELL
DELL

말레이시아 사람들은 델이라는 회사를 통해 새로운 일자리를 얻고
DELL

예전보다 더 많은 수입을 얻을 수가 있었어.
DELL

바로 이런 과정이 세계화의 진행으로 얻어지는 혜택이라고 볼 수 있어.
혜택
혜택
세계화

둘째, 세계화는 독재국가의 시민들에게 자유를 맛보게 하고 민주주의의 길로 가게 하는 역할을 하고 있어.

세계화를 가능하게 한 정보통신 혁명으로

다른 사회와 문화를 접할 수 있는 기회가 늘어났고,
지구촌 NEWS

사람들은 자신과 사회에 대해 더 객관적으로 판단할 수 있게 되었어.
악플

자유민주주의에 대한 요구는 인터넷을 타고 전 세계의 사람들에게 전달되어,
자유!
Yes!

이런 시민들을 지원하고 후원하는 운동을 더 확산시켰어.
자유민주주의를 지지한다!!
△△ 단체!
자유
지

모든 세계가 자유민주주의, 자본주의로 통합되고,
세계
자유 민주주의 자본주의

세계 경제가 상호 밀접하게 연결되면서

사람들은 서로를 이해하고 서로에게 관심을 가질 수 있게 된 거지.

그러나 사실 세계화는 선진 강대국들에 의해 추진되고 있어.
세계화
선진국
강대국

선진 강대국들은 자신들의 기술과 자본을 개발도상국들에 수출함으로써 자신들의 이익을 극대화하는 반면,
이익
선진국
강대국
이익
개발도상
자본과 기술

개발도상국들은 강대국의 발전된 기술과 엄청난 자본에 지배받기 쉬워졌지.
선진국
개발도상국
강대국

우리나라는 1997년 외환위기를 겪으면서
한국

IMF의 구제금융을 받았는데,
INTERNATIONAL MONEY FUND
한국
IMF

IMF는 이에 대한 여러 가지 조건을 우리 정부에게 요구했고,
요구사항
한국
$
IMF

당장 급한 우리 정부는 IMF의 요구를 받아들일 수밖에 없었어.
요구사항
$
IMF

이후에도 여러 나라에서 금융위기가 발생할 때마다
아르헨티나
러시아
멕시코
$
IMF

IMF는 구제를 요청하는 국가들에게 여러 가지 조건을 요구했지.
$
요구사항
아르헨티나
멕시코
러시
IMF

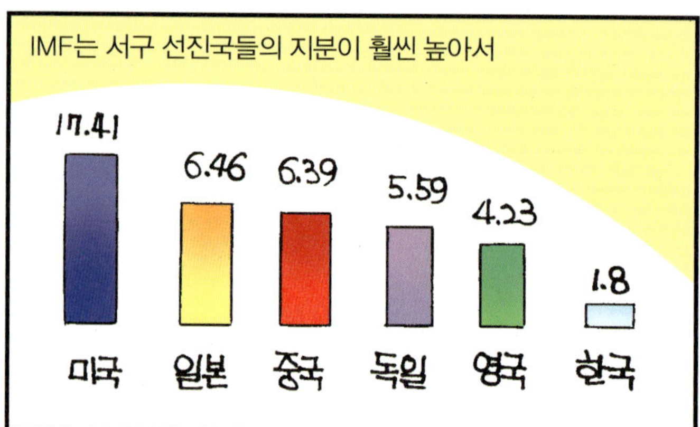

IMF는 서구 선진국들의 지분이 훨씬 높아서
17.41
6.46
6.39
5.59
4.23
1.8
미국
일본
중국
독일
영국
한국

이 국가들의 입장을 더 옹호하는 국제기구라고
할 수 있어.
미국
중국
일본
IMF

세계화는 아시아, 아프리카 국가들이 서구 국가들에 더
종속되게 만들어서
서구
아프리카
아시아

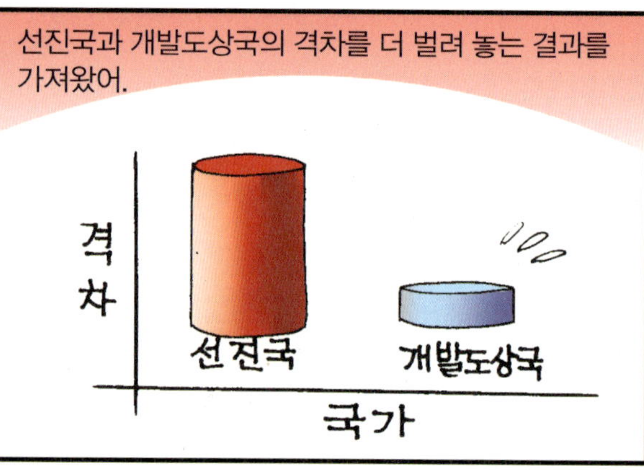

선진국과 개발도상국의 격차를 더 벌려 놓는 결과를
가져왔어.
격차
선진국
개발도상국
국가

세계화로 늘어난 부가 '잘사는 나라'와 '가난한 나라'들 간에 불공평하게 배분이 된 셈이지.
$
$

그래서 세계화는 빈익빈 부익부 현상을 가져왔어.
즉, 부자는 더 부자로 만들고, 가난한 사람들은 더 가난하게
만들었다는 거지.

세계화가 진행되면서 모든 것은
거대해져 갔어.
세계화

작은 상점들은 장사가 안 되어 날마다 문을 닫는 반면에,
동네 가게

대형마트들은 날마다 번창해 가고 있잖아.
대형 마트

대기업들은 대량으로 상품을 구매하니까

더 좋은 물건을 더 싸게 구매해서
50%
인하

소비자들에게 더 싸게 팔 수 있는 구조를 만들 수가 있어.
대기업
50% 인하!

반면에 소규모 가게들은 대량으로 구매할 능력이 되지 않으니까
동네가게

같은 질의 상품을 더 높은 가격에 팔 수밖에 없게 된 거야.
동네가
5% 인하

결국 부자와 가난한 사람들 사이에 있던 중산층은 점점 사라지고, 부자와 가난한 사람들 간의 격차가 커지는 사회가 되고 말았지.
중산층
번창
중산층

또한 세계화가 진행되면서 기업은 더 부자가 된 반면,

기업에서 일하는 노동자들은 더 가난하게 되어 가고 있어.

세계화가 진행되면서 기업은 한 나라에서만 비즈니스를 할 필요가 없이

언제든지 다른 나라로 생산을 옮길 수 있는 상황이 되었거든.

만약 마이크로소프트사가

미국 내 연구원들의 임금이 너무 높아서

기술연구소를 인도로 옮기기로 결정하게 되면

미국에 있던 근로자들은 직장을 잃고 다른 직장을 찾아야만 하겠지.

결국 기업 내에서 일하던 노동자들은 언제든지 직장을 잃을 수 있는 처지가 된 거야.

지금까지 세계화의 밝은 면과 어두운 면을 살펴보았어.
세계화

그러나 세계화는 아직 끝난 것이 아니고 진행 중이기 때문에,
세계화

어떤 결론이 날지 아직 단정할 수 없어.
?
세계화

세계화에 대한 평가는
국가
국가
국가
세계화

국가마다, 개인마다 다를 수밖에 없을 거야.
NO
Good
Yes
국가
국가
세계화

그러나 분명한 것은 세계화를 이해하지 못하면
?
세계화

21세기 글로벌 시대의 국제관계를 이해할 수 없다는 것이지.
?
DO
21세기 글로벌

세계화는 모든 국가에, 그리고 정치, 경제, 사회, 문화 등 모든 영역에 커다란 영향을 미치고 있고
문화
경제
정치
사회
세계화

세계화로 인해 오늘날 국제관계는 과거와 전혀 다른 양상을 보여 주고 있다는 점을 알아야 해.
!
DO
국제 관계

전 세계의 축제
올림픽의 명과 암

근대 올림픽은 1894년 6월 프랑스의 쿠베르탱이 국제올림픽위원회(IOC)를 창설하면서 시작됐어요. 쿠베르탱에 의해 조직된 올림픽위원회는 1) 스포츠와 스포츠 경기의 조직 및 발전을 도모하고, 2) 올림픽의 이상 아래 스포츠를 권장하고 모든 참가국 경기자 간의 우호관계를 촉진 및 강화시키며, 3) 올림픽 경기의 역사와 이상을 승화시키는 것을 목적으로 창설된 비정치적인 단체였어요.

고대 올림피아 제전에서 영감을 얻어 근대 올림픽을 부활시킨 피에르 드 쿠베르탱 남작.

처음 올림픽위원회의 회원국 수는 15개국이었으나 오늘날에는 198개국으로 회원국 수가 늘어났어요. 올림픽 경기를 통한 참가 선수들 간의 우호 증진과 참가 국가 간의 우호·평화 증진을 목적으로 시작된 올림픽 경기는 반대로 국가들 간 정치적 목적을 위해 많이 이용되기도 했어요. 1933년 독일의 정권을 차지한 히틀러와 나치는 1936년 8월 개최된 베를린 올림픽을 독일 민족의 우수성과 히틀러의 권력을 과시하는 이벤트로 이용했어요.

제2차 세계대전 이후 올림픽은 국제관계의 변화와 갈등을 반영하기도 했어요. 1956년 네덜란드, 스페인, 스위스는 헝가리의 민중봉기를 무력으로 진압한 소련에 항의하여 멜버른 올림픽 참가를 거부했죠. 특히 1972년 뮌헨 올림픽에서는 팔레스타인 무장단체인 '검은 9월단'이 선수촌에 침투하여 이스라엘 선수단 숙소를 습격했고, 이 사건으로 11명의 이스라엘 선수들이 사살당하는 초유의 사태가 발생했어요. 피로 얼룩진 올림픽이었죠. 1976년 몬트리올 올림픽 때는 남아프리카공화국의 인종차별 정책에 반발하여 아프리카와 카리브 해 연안의

26개 국가들이 올림픽 참가를 거부했어요.

1980년 모스크바 올림픽 때는 소련의 아프가니스탄 침공에 항의하여 미국을 비롯한 서방 67개 국가들이 올림픽 참가를 거부했고, 1984년 로스앤젤레스 올림픽 때는 소련을 포함한 14개 공산국가들이 모스크바 올림픽 불참에 대한 보복으로 올림픽 참가를 거부했죠.

많은 갈등에도 불구하고 올림픽은 국가 간 공정한 규칙에 의한 경기를 함으로써 운동선수들뿐 아니라 국가 간 우호관계의 증진에 기여한 것이 사실이에요. 1956년 멜버른 올림픽과 1960년 로마 올림픽, 그리고 1964년 도쿄 올림픽에서는 당시 분단되어 있던 동독과 서독이 사상 최초로 단일팀으로 참가했어요. 우리나라는 지난 2000년 시드니 올림픽과 2004년 아테네 올림픽에서 올림픽 동시 입장을 하면서 분단국들이 하나가 되어 화합하는 모습을 보여 주었죠.

1972년 뮌헨 올림픽 참사와 그 이후 이스라엘의 보복을 소재로 한 스티븐 스필버그 감독의 영화 〈뮌헨〉(2005).

7장 인류 전체를 위협하는 환경 문제와 국제관계

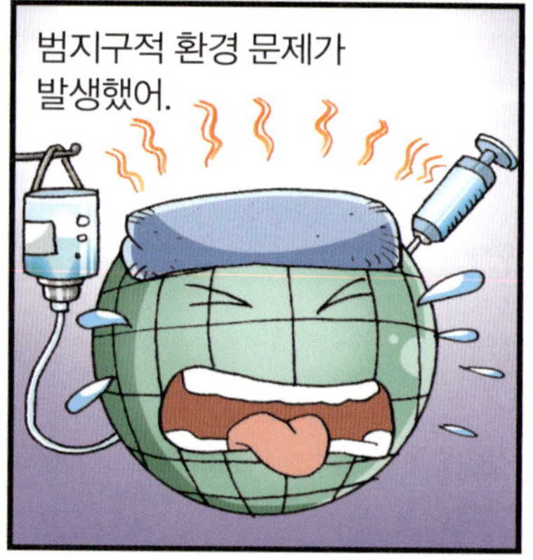

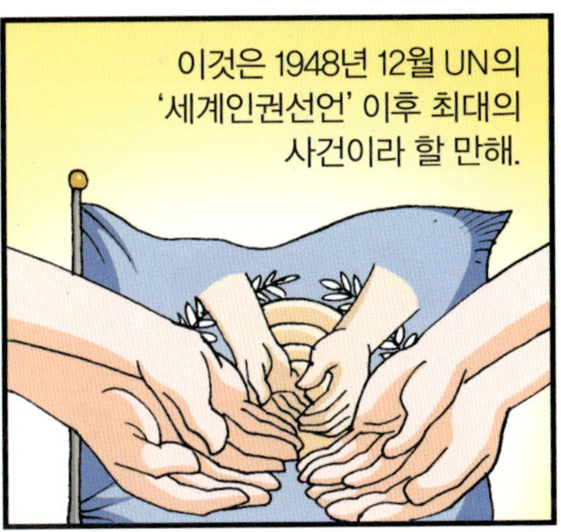

*114개국 1,200여 명의 각국 대표들 참석

인간환경선언

첫째, 자원은 보존되어야 하며, 지구의 자정능력이 유지되어 물과 공기 등
순환되는 자원이 재생될 수 있어야 한다.
둘째, 개발과 보존이 균형을 유지하여 개발도상국들이 합리적으로 환경관리를 해야 한다.
셋째, 각국이 환경기준을 설정하여 개발을 하고, 다른 나라에 피해를 주어서는 안 된다.
넷째, 환경의 자정능력을 넘어서지 않도록 오염이 억제되어야 하고 해양은 보전되어야 한다.

이후 UN은 'UN 환경계획'이라는 기구를 만들어 오늘날까지 환경보전을 위한 활동을 하고 있어.
또 1992년 6월 브라질의 리우데자네이루에서는 UN 환경개발회의(일명 리우 회의)가 개최되었어.
UNITED NATIONS CO
ENVIRONMENT AND D
Rio de Janeiro 3-14-J

178개국에서 130여 명의 각국 정상들을 포함해 약 3만 명이 참석한 이 회의의 규모는

지구 오염이 얼마나 심각하고

환경이 얼마나 국제적으로 중요한 문제인지를 보여 주지.
환경
국제

이 회의에서 '지속 가능한 개발'이라는 새로운 방향이 만들어졌어.
선진국이든 개발도상국이든 하나뿐인 지구를 생각하여 경제개발을 진행함에 있어서 과도하게 환경을 파괴하는 정책은 수립하지 않는다!

또 지구환경을 보호하기 위한 구체적 행동지침들이 채택되었지.
행동 지침

지구환경 보호를 위한 구체적인 방안을 제시한 '의제 21'과,
의제 21

이산화탄소를 비롯한 온실가스의 방출을 제한하여
지구 온난화를 방지하자는 내용의 기후변화협약,
UNCCC

또 급속히 소멸되어 가는 동식물들을 보존하기 위하여
만들어진 생물다양성보존협약 등이 있어.

그로부터 10년 뒤인 2002년
남아프리카공화국의
요하네스버그에서
요하네스버그
남아프리카

'지속가능발전정상회의'가
다시 개최되었어.
WORLD SUMMIT

이 회의는 지난 10년 동안
리우 회의가 추진한 결과들을
평가하고
리우회의

새로운 지속 가능한 발전 모델을
만들 목적으로 개최되었어.
발전

여기에서 지속 가능한 발전을 위해서는 자연자원을 보존하고 보호하는
것뿐 아니라 정치적·사회적 환경도 중요하다는 것을 선언했지.
정치
사회

즉 빈곤, 영양실조, 테러 등이 있는
상태에서는

지속 가능한 발전이 어렵기
때문에,
발전

가난한 나라들을 지원하기로
한 거야.

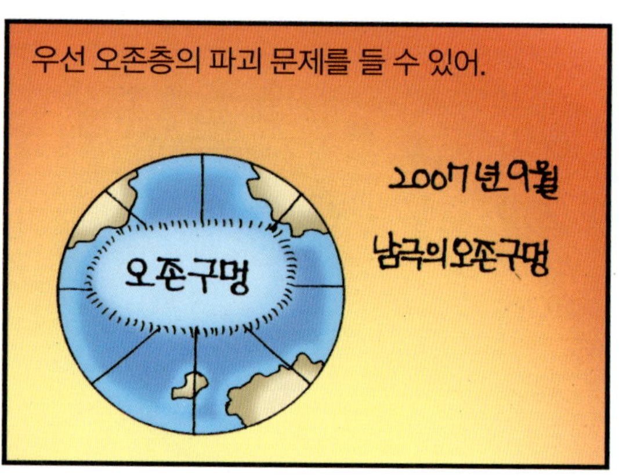

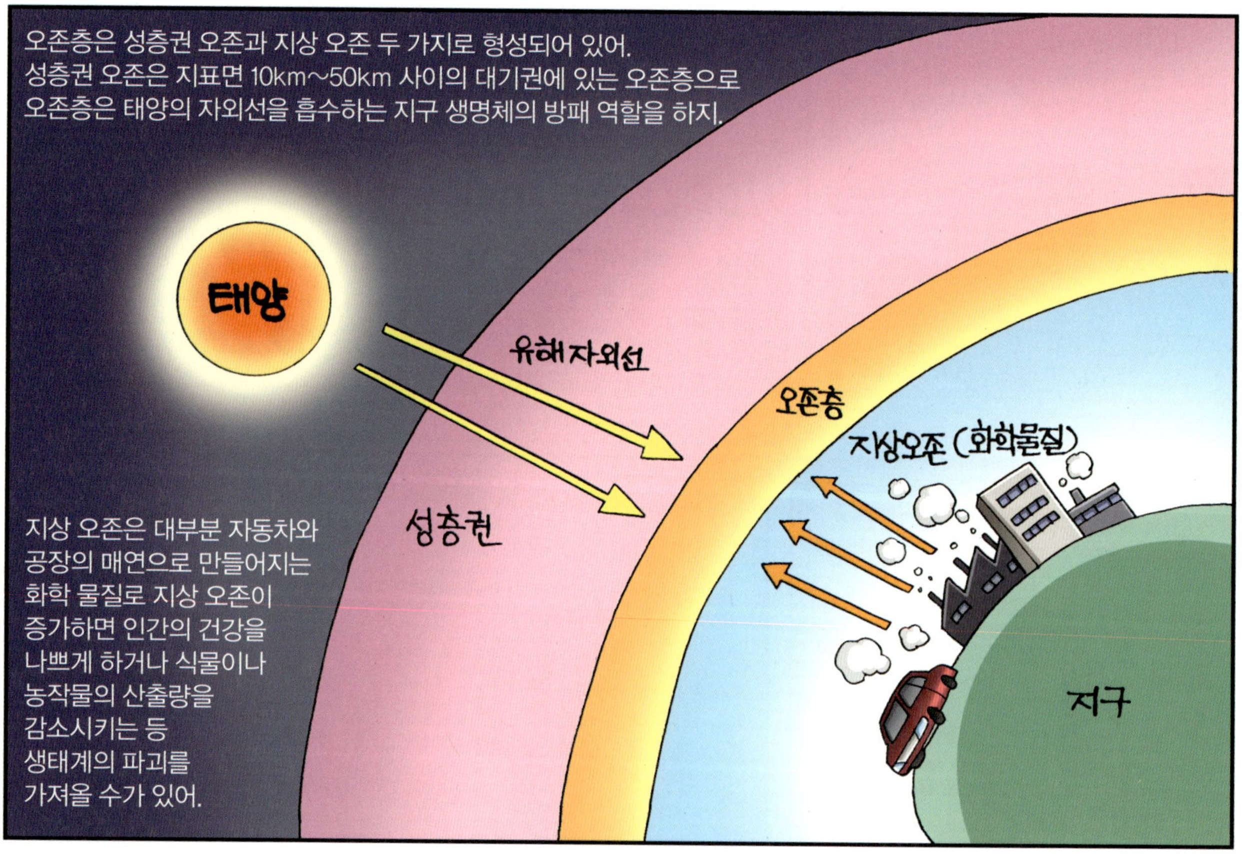

오존층은 성층권 오존과 지상 오존 두 가지로 형성되어 있어.
성층권 오존은 지표면 10km~50km 사이의 대기권에 있는 오존층으로
오존층은 태양의 자외선을 흡수하는 지구 생명체의 방패 역할을 하지.

지상 오존은 대부분 자동차와 공장의 매연으로 만들어지는 화학 물질로 지상 오존이 증가하면 인간의 건강을 나쁘게 하거나 식물이나 농작물의 산출량을 감소시키는 등 생태계의 파괴를 가져올 수가 있어.

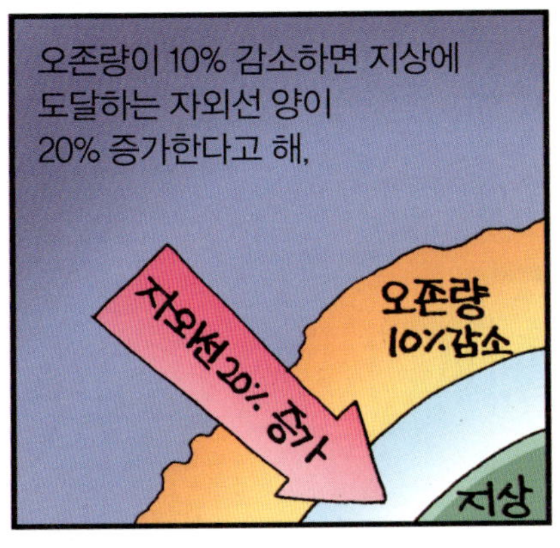

오존량이 10% 감소하면 지상에 도달하는 자외선 양이 20% 증가한다고 해.
자외선 20% 증가
오존량 10% 감소
지상

사람에게는 피부암이나 면역능력 감퇴, 백내장 등 각종 질병을 유발시키고,

농작물이나 식물에도 영향을 미치지.

오존층을 파괴하는 주범은 냉장고나 에어컨의 냉매로 사용되는 프레온 가스야.

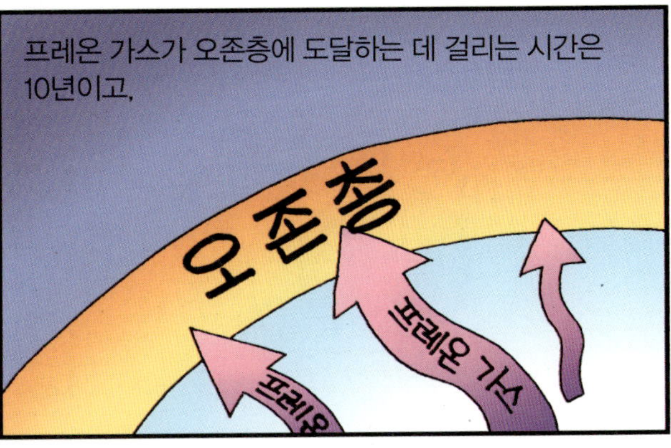

프레온 가스가 오존층에 도달하는 데 걸리는 시간은 10년이고,
오 존 층
프레온 가스
프레온

한번 올라간 프레온이 분해되는 시간은 70년에서 400년이 걸린다는 거야.
오 존 층

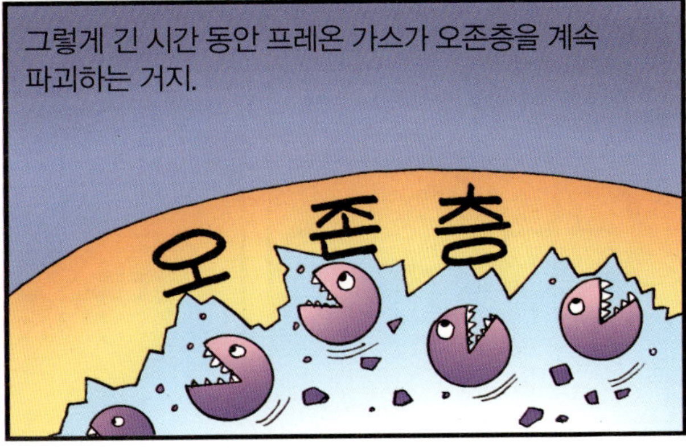

그렇게 긴 시간 동안 프레온 가스가 오존층을 계속 파괴하는 거지.
오 존 층

그래서 프레온 가스 주요 생산국가들은 1985년에 '오존층 보호를 위한 비엔나 협약'을 체결함으로써 오존 파괴 물질을 제조하는 것을 규제하겠다는 약속을 했어.

결국 1987년 '몬트리올 의정서'라는 조약이 체결돼 오존층을 파괴하는 프레온 가스의 생산과 소비를 1999년까지 50% 감소시키기로 했어.

한편 지구 온난화는 오존층 파괴보다 더 심각한 환경 문제야.

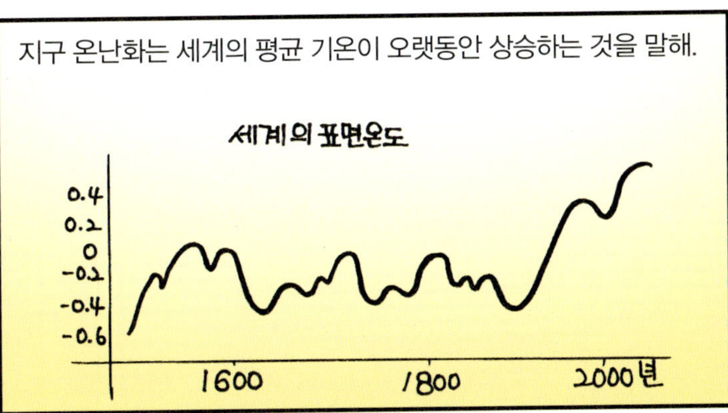

지구 온난화는 세계의 평균 기온이 오랫동안 상승하는 것을 말해.
세계의 표면온도
0.4
0.2
0
-0.2
-0.4
-0.6
1600
1800
2000년

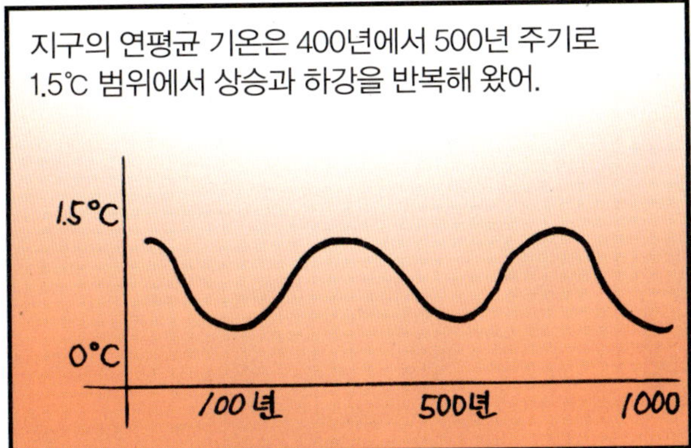

지구의 연평균 기온은 400년에서 500년 주기로 1.5℃ 범위에서 상승과 하강을 반복해 왔어.
1.5℃
0℃
100년
500년
1000

그런데 20세기에 들어서는 기온이 계속 올라가고 있다는 거지.
20 세기

현재 일어나는 지구 온난화의 영향으로 광범위하게 피해가 커지고 있는 실정이야.

대표적인 예는 아프리카 탄자니아의 킬리만자로 산이야.
킬리만자로
탄자니아

킬리만자로는 5,895m 높이의 산으로 꼭대기에는 언제나 눈이 덮여 있는데,

1900년엔 15㎢ 정도였던 눈 덮인 면적이 1960년대에는 5㎢로, 2000년대에는 2㎢ 정도로 줄어들어, 2020년경에는 거의 사라질 것으로 예측되고 있어.

그리고 온난화로 북극과 남극의 빙하가 녹고 있는데,

빙하가 녹은 물 때문에 해수면의 높이가 올라가는 문제가 생겼지.

남태평양 피지 인근에 있는 섬나라 투발루는 해수면 상승으로 나라 전체가 물에 잠길 위기에 처해 있고,

인도양의 섬나라 몰디브 역시 같은 처지야.

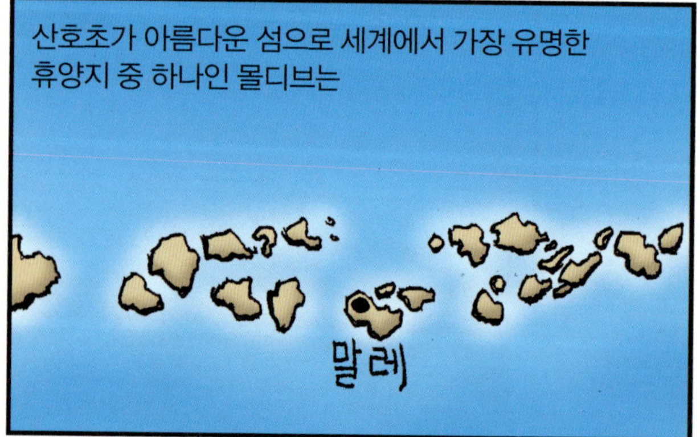
산호초가 아름다운 섬으로 세계에서 가장 유명한 휴양지 중 하나인 몰디브는
말레

2100년까지 해수면이 1m 이상 상승하여 바다 속으로 잠길 위험에 처해 있지.

뿐만 아니라 지구 온난화는 전 세계적으로 기상 이변 현상을 가져왔어. 2010년 중국, 파키스탄 등지에서는 홍수가 발생하여 수만 명의 사람들이 목숨을 잃은 반면, 미국과 러시아는 폭염과 가뭄으로 많은 피해를 입었어.
모스크바
폭염
폭우
더운공기유입
파키스탄

UN의 통계에 따르면, 환경의 급격한 변화로 고향을 떠난 환경난민의 수가 5,000만 명에 이르고, 2050년까지 지구 온난화로 인한 해수면 상승으로 1억 5,000만 명 정도의 사람들이 환경난민이 될 것으로 예측하고 있어.

지구 온난화가 일어나는 원인은 이산화탄소인데,

공장이나 자동차 또는 화력발전소를 가동하기 위해 사용하는 석유, 석탄, 천연가스 같은 화석연료를 태우는 과정에서 생겨.

태양에서 지구로 오는 빛 중 44%는 지구 표면에 도달하고 지구에 도달한 태양에너지 중 일부는 적외선으로 대기 밖으로 방출되는데,

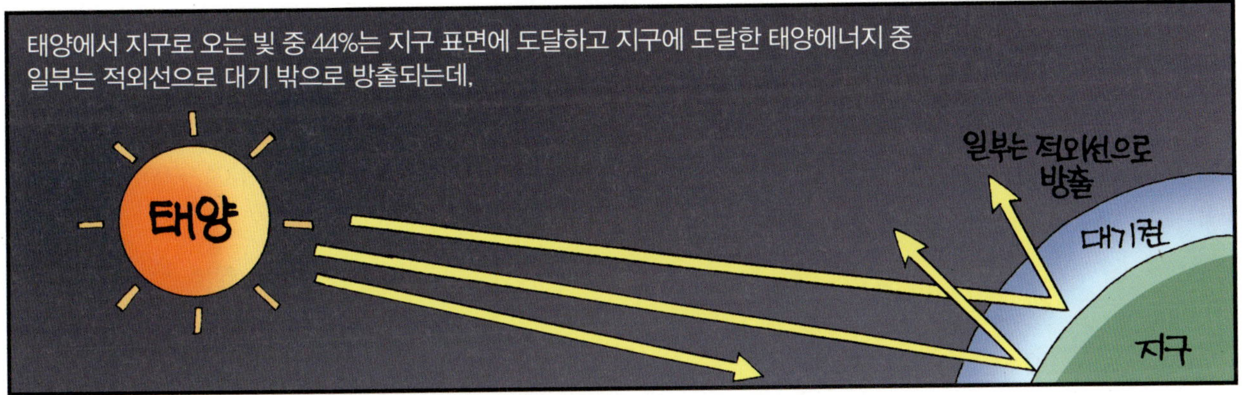

이산화탄소 같은 온실가스는 적외선이 대기권 밖으로 방출되지 못하게 흡수해.

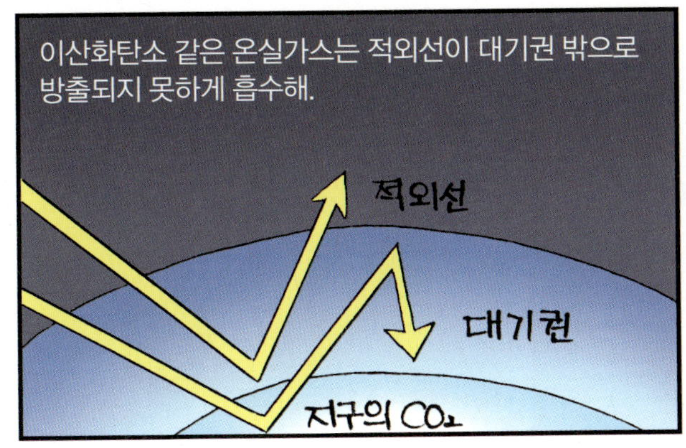

이 과정이 반복되면서 지구 온난화가 나타나는 거야.

지구 온난화를 막으려면 온실가스의 배출을 막아야 하는데,
NO

이것은 간단한 문제가 아니야.
CO₂
CO₂
CO₂
NO

우선 개인적으로 온실가스를 줄이기 위해서는
CO₂
CO₂
NO

우리가 여름과 겨울에 사용하는 냉난방 사용량을 줄여야 하고,

자가용 사용을 줄이고 대중교통을 이용하는 등 수많은 변화를 각오해야 해.
NO

산업 측면에서 온실가스 배출의 감소를 막기 위해서는

화력 발전소 대신에

풍력 발전이나 태양광 발전 등을 늘려야 할 거야.

자동차 회사들 역시 가솔린 대신

전기나 수소를 원료로 사용하는 자동차 엔진을 개발해야겠지.

이런 변화들은 석유 소비를 줄일 것을 권장하는 것이고,
NO
석유
석유

이는 석유 회사들에게 큰 타격이 될 거야.
석유
석유
회사

그래서 석유를 지배하는 세력들은 온실가스를 줄이기 위한 대체에너지 개발에 비판적이지.

온실가스와 관련한 국가들의 이해관계는 더 큰 대립을 일으키고 있어.
국가
국가
이익
이익
이익
익

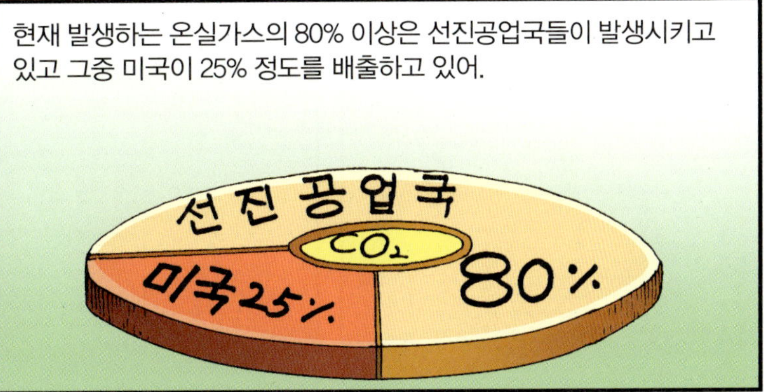

현재 발생하는 온실가스의 80% 이상은 선진공업국들이 발생시키고 있고 그중 미국이 25% 정도를 배출하고 있어.
선진공업국
CO₂
미국25%
80%

또한 신생공업국들인 중국, 인도, 러시아 등이 배출하는 온실가스는 점점 더 늘어나고 있는 추세야.
중국
인도
러시아

이런 상황에서 독일, 프랑스 등 서유럽 국가들과 일본은
프랑스
서유럽

온실가스의 배출을 적극적으로 줄이자는 입장인 반면에,
감축

미국은 온실가스를 감축하려는 노력이 자국 산업에 큰 피해를 줄까 우려하고 있어.
감축
미국

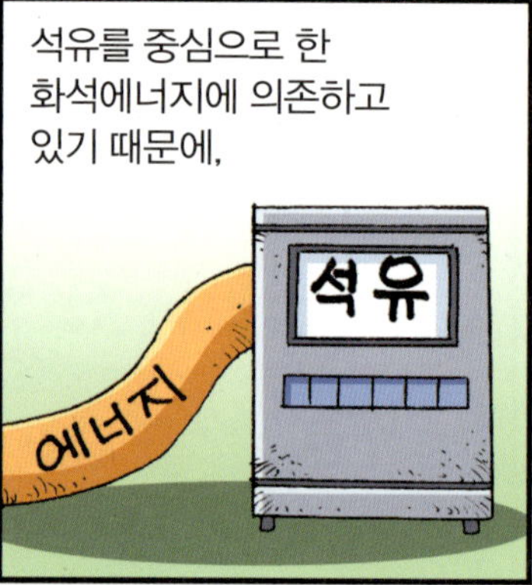

2000년 이후 온실가스 감축을 위해 구체적으로 목표를 정하고,

유럽연합	-13
미국	-20
영국	-22
일본	-30

1997년 12월 일본 교토에서 온실가스 감축을 위한 '교토 의정서'에 서명했고,

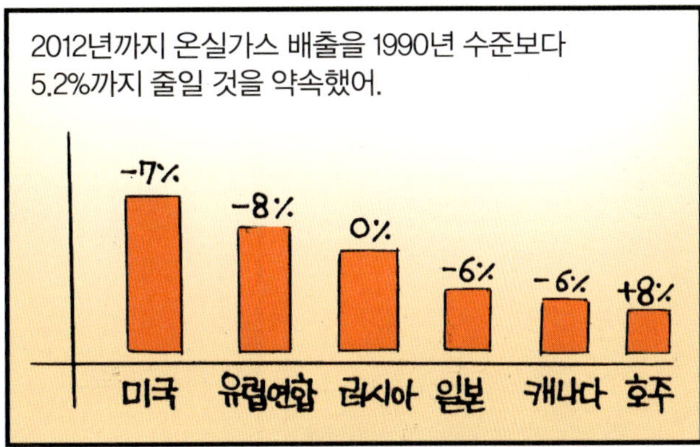

2012년까지 온실가스 배출을 1990년 수준보다 5.2%까지 줄일 것을 약속했어.
-7%
-8%
0%
-6%
-6%
+8%
미국
유럽연합
러시아
일본
캐나다
호주

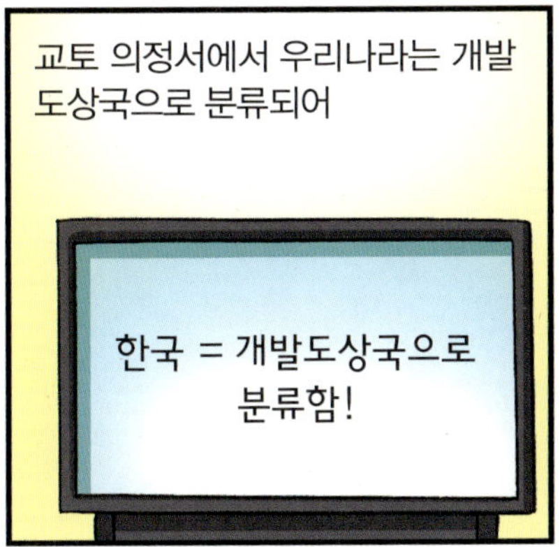

교토 의정서에서 우리나라는 개발도상국으로 분류되어
한국 = 개발도상국으로 분류함!

당장 온실가스 감축 의무를 지지는 않았지만,
한국
감축

우리나라가 배출하는 온실가스 양도 무시할 수 없는 규모야.
한국

2002년 국제에너지기구의 통계에 따르면
국제에너지기구 통계

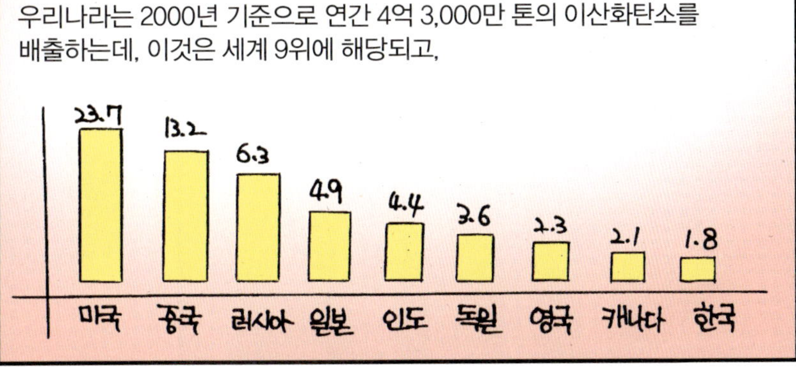

우리나라는 2000년 기준으로 연간 4억 3,000만 톤의 이산화탄소를 배출하는데, 이것은 세계 9위에 해당되고,
23.7
13.2
6.3
4.9
4.4
2.6
2.3
2.1
1.8
미국
중국
러시아
일본
인도
독일
영국
캐나다
한국

특히 1990년 이후 이산화탄소 배출 증가율이 86%로 세계에서 가장 빠른 증가세를 보이고 있어.
한국 86%

그래서 교토 회의에서 몇몇 선진국들은 한국이 개발도상국 지위에서 벗어나 온실가스 감축을 약속할 것을 요구했지.
한국
감축

그러나 2000년 11월 미국 대통령에 당선된 조지 부시는

2001년 3월 미국이 교토 의정서를 탈퇴한다고 발표했어.
교토의정서
미국!

이유는 부시 대통령의 정치적 배경을 보면 잘 알 수 있지.
배경

부시 대통령의 출신지인 텍사스는 미국 석유산업의 중심지거든.
석유
석유
석유
텍 사 스

세계적 석유 회사인 엑손, 모빌, 텍사코 등이 모두 텍사스 주에 있어.
엑손
텍사코
모빌
텍 사 스

이런 기업들의 후원을 받아 대통령이 된 부시가
석유
회사

석유 회사들의 입장을 받아들여 교토 의정서를 탈퇴했다고 볼 수 있어.
교토의정서
탈퇴

전 세계 온실가스 배출량의 28% 정도를 차지하는 미국이 빠진 교토 의정서는 김 빠진 사이다였지.
교토의정서
미 국

그러나 UN을 중심으로 국제사회는

'기후변화당사국총회'를 개최하여
기후변화당사국총회

온실가스를 줄이기 위한 노력을 계속했고,
감
축

2009년 12월 덴마크 코펜하겐에서 열린 '15차 기후변화당사국총회'는 온실가스 감축을 위한 새로운 이정표를 제시했어.
COPIS
COPENHAGEN

이 회의에서 반기문 UN 사무총장은 이렇게 역설했어.

기후 변화로 가장 큰 피해를 보는 나라는 빈곤국이나 개발도상국입니다. 이런 국가들이 기후 변화에 적응할 수 있도록 선진국들이 도와주어야 합니다.

그러나 코펜하겐 총회에서 모든 국가가 기후 변화에 대한 걱정을 했지만
기후 변화!
국가

그 책임을 따지는 문제에서는 남 탓만 하는 모습을 보였어.
국가

선진국들은 중국, 인도 등 개발도상국들이 자발적으로 온실가스를 감축해야 한다는 입장인 반면,
선진국
개발도상국

개발도상국들은 기후 변화의 책임이 역사적으로 선진국들에게 있고,
역사
선진국
개발도상국

개발도상국에게 온실가스 감축 의무를 지우면 안 된다는 입장이었어.

각국의 입장을 살펴보면, 우선 선진국 중 미국의 입장이 크게 바뀌었어.

오바마 대통령은 "미국은 2020년까지 2005년과 비교하여 17%까지 온실가스를 감축하고, 2050년까지 83% 감축할 것"이라고 발표했어.

유럽연합 역시 2020년까지 1990년과 비교해 온실가스를 20% 감축하겠다고 했고,

일본도 2020년까지 2005년과 비교해 25%까지 온실가스를 감축하겠다는 발표를 했어.

이에 반해 중국 등 신흥공업국의 입장은 달랐어.

우선 중국은 환경 문제에 대한 책임은 역사적으로 환경 문제를 일으킨 선진국들이 더 많이 지는 것이 당연하다고 주장하고 있어.

인도 역시 선진국이 온실가스 배출에 관한 책임을
더 많이 져야 하고
책임
온실가스
인도
선진국

개발도상국에 대해서는 온실가스 감축 이전에
기술 이전 및 자금 지원을 약속해야 한다는 입장이었어.
기술
자금
개도국
선진국

러시아 역시 개발 과정에 온실가스가 배출되는 것은
어쩔 수 없다는 입장이야.
러시아
온실가스
개 발

이처럼 코펜하겐 총회 역시
CO
COPE

온실가스 감축을 위한 구체적인 합의를
이끌어 내지는 못하고
합의

끝을 맺었어.
합의

그러나 온실가스로 인한 기후 변화가 인류 전체를 파괴할 수도 있는 상황에서 국제사회는
온실가스 감축을 위한 노력을 계속하게 될 거야.
온실가스
온실가스
온실가스
온실가스
국제사회
국제사회
국제사회
온실
온실가스
온실가스

국제관계의 역사는
갈등 조정의 역사

국제관계의 전개는 국가 간 갈등과 분쟁을 조정한 역사였다고 해도 과언이 아니에요. 최초의 근대적 국제질서를 형성하는 데 기여한 베스트팔렌 조약(1648년)은 30년간의 종교전쟁을 마무리하기 위해 맺어진 조약이었어요. 1814년 유럽 대륙의 질서를 외교적 협상을 통하여 유지하려고 했던 '비엔나 회의'는 나폴레옹 전쟁의 해결을 위한 회의였고요. '비엔나 회의'를 통하여 영국, 프랑스, 프로이센 등 유럽의 열강들은 나폴레옹 전쟁 이전으로 유럽의 질서와 영토를 돌려놓으려는 협상을 벌였죠.

중국의 아편 단속을 빌미로 하여 영국이 1840년에 일으킨 아편전쟁.

동아시아가 수천 년 동안 중국 중심의 국제질서에서 벗어나 국가 중심의 국제질서에 편입된 계기가 된 것 역시 중국과 영국 간의 아편전쟁이었어요. 당시 청나라는 영국 군대에게 패하면서 '난징 조약'이라는 불평등 조약을 체결하게 되었죠. 이 전쟁을 계기로 영국을 비롯한 유럽의 여러 나라들이 중국을 침략하는 길이 열리게 되었고, 중국은 서구 국가들이 주도하는 자본주의 시장에 편입이 되었어요.

1863년 최초의 비정부 국제기구인 국제적십자의 창설 역시 북이탈리아 해방을 놓고 벌어진 솔페리노 전투의 참혹함에서 비롯되었어요. 솔페리노 전투의 참혹함을 경험하면서 부상자 구호에 나선 앙리 뒤낭은 전쟁 시 부상자들을 보호하기 위한 국제민간기구인 '국제적십자운동'을 시작하게 되었고, 이 운동이 '국제

적십자연맹' 창설로 이어졌죠.

   UN의 탄생 역시 제2차 세계대전
과 연관이 있어요. 2차 대전의 참혹
함을 경험한 인류는 더 이상의 전쟁
은 피하고 국가 간의 문제를 해결하
는 데 서로 협력하고 국제평화를 유
지할 수 있는 공동 기구인 UN을 창
설하게 돼요. UN 헌장은 모든 국가
는 평등하고, 모든 분쟁은 평화적으
로 해결되어야 한다고 선언하고 있

일본의 항복 문서 서명으로 막을 내린 제2차 세계대전.

어요. UN 이후 세계는 수많은 전쟁을 치러야 했어요. 한국전쟁을 시작으로 아
프리카, 동유럽, 동아시아, 라틴아메리카 등 전 세계적으로 전쟁은 지속적으로
일어났죠. 이런 국가들 간의 분쟁을 해결하고 평화를 달성하기 위해 국가, 국제
기구 등 여러 행위자들이 지속적으로 활동하는 과정이 바로 국제관계라고 할 수
있어요.

국제사회

인류는 오래전부터 인간이 인간으로서 마땅히 누려야 할 권리에 대해서 이야기해 왔어.
권리!

성경에는 '한 사람의 생명이 온 천하보다 귀하다'라는 내용이 있고,
성경

유교에서도 '사람이 천하의 근본이다'라고 하지.
人

그러나 국제사회에서 인권은
인권
국제사회

오랜 시간 동안 단순히 국내 문제로만 여겨졌어.
국가
국가
국가
국가
국가

미국 독립선언서에는 이렇게 선언하고 있고,
모든 인간은 평등하게 창조되었고 하느님으로부터 부여받은 자유권, 행복추구권이 있다.

프랑스 인권선언 역시 인권을 주장하고 있지만,
DECEARATON
모든 인간은 자유롭고 평등하게 태어난 존재!

각 국가 내부의 문제였기 때문에 다른 나라는 간섭할 수 없었어.
국가
국가

예를 들어 남북전쟁이 일어나기 이전의 미국에는

노예제도가 있었지.

수많은 흑인 노예들은 사람 대접을 받지 못하고

물건처럼 돈으로 거래되었지만,

다른 나라들이 미국의 노예제도에 대해 간섭할 수는 없었어.

또 인권을 자국민들에게만 적용하는 경향이 있었어.
인권
국 가

그래서 20세기 초반까지 영국, 프랑스, 네덜란드 등 유럽의 제국주의 국가들은
영국
프랑스
네덜란드
제 국 주 의
20세기

아시아와 아프리카 등지에 식민지를 경영하면서
영국
프랑스
식민지
식민지
식민지
아프리카
아시아

식민지 현지 사람들을 무자비하게 착취했지.

그러나 제2차 세계대전에서
1938년 9월
1945년 9월까지

인간의 존엄이 처참하게 무너지는 경험을 한 이후

국제사회의 인권에 대한 태도가 바뀌었어.
국제사회
인권

특히 전쟁 중에 600만 명에 달하는 유대인들이 나치 독일에 의해 강제수용소에서 학살되는 사건이 있었는데,

유대인들은 총살을 당하기도 하고,

가스실로 보내져서 죽임을
당하기도 했어.

당시 유럽에 거주하던
유대인들의 2/3 정도가
죽임을 당했지.
유대인
2/3 사망

이런 엄청난 인권 침해를 경험한 국제사회는
제2차 세계대전이 끝나자마자
제2차 세계대전
THE END
국제사회

독일과 일본이 인간에게 저지른 범죄에 대해
처벌을 할 필요가 있다는 데 합의했어.
국제사회
독일
일본

독일과 일본의 전쟁범죄자들을 처벌하기 위해 독일에서는
뉘른베르크 군사법원이 열렸고,

일본에서는 동경 군사법원이 설치되었지.

이전까지 전쟁에 패한 국가는

자신의 영토를 잃거나
영
토

금전적으로 배상을 함으로써
$

모든 책임을 지는 대신
책임

전쟁 중 일어난 인권의 침해에 대해서는

문제 삼지 않는 것이 관례였거든.

하지만 뉘른베르크 법원과 동경 법원에서 최초로 전쟁 중 인간에 대한 범죄를 규정하고
범죄
독일
일본

인간에게 잔혹행위를 한 사람들에 대한 책임을 물었던 거야.
책임
책임
독일
일본

뉘른베르크 재판에서는 유대인 학살에 가담했던 의사, 공무원 등 25명에게 교수형이 선고되고,

20명에게는 무기징역이 선언되었어.
무기징역

이런 사건을 겪으면서 국제사회는
국제사회
사건

더 이상 인권 문제가 국내 문제가 되어서는 안 된다는 데 동의하고,
인권

인권 보호를 위한 국제적 노력이 필요하다는
인식을 갖기 시작했어.
인 권

창립 초기부터 UN은 인권을 보호하기 위하여
많은 노력을 기울였어.
UN
인 권

1946년 인권위원회를 조직하고 1948년에는
'세계인권선언'을 발표했지.
THE UNIVERSAL DECLARATION
OF Human Rights

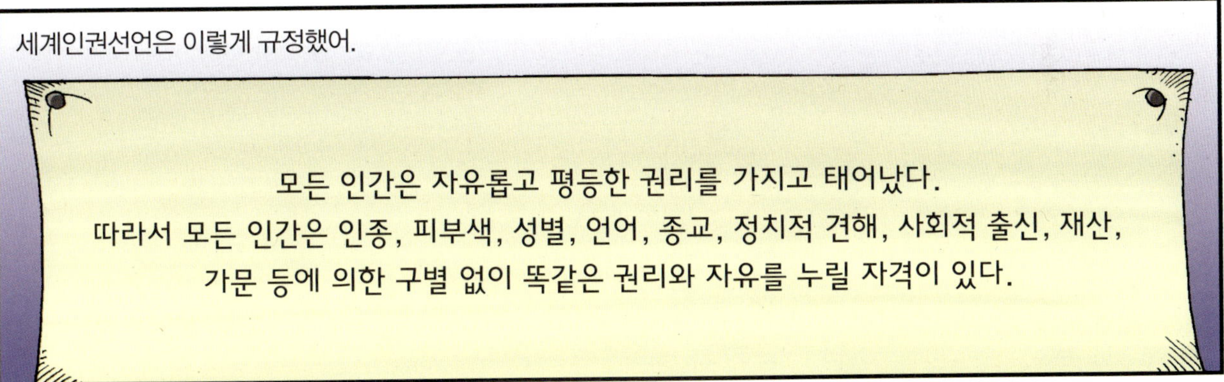

세계인권선언은 이렇게 규정했어.
모든 인간은 자유롭고 평등한 권리를 가지고 태어났다.
따라서 모든 인간은 인종, 피부색, 성별, 언어, 종교, 정치적 견해, 사회적 출신, 재산,
가문 등에 의한 구별 없이 똑같은 권리와 자유를 누릴 자격이 있다.

모든 인간은
평화적 집회와 결사의
자유를 누릴 수 있는
권리가 있으며,
정치에 참여할
권리가 있다.

또한 모든 인간은 자유로운 직업을
선택할 수 있고, 교육을 받을
권리가 있다.

세계인권선언은 인권에 대한 국제적 합의를 이끌어 냈다는 점에서 큰 의의가 있어.
국제적 합의
국가

그러나 인권을 선언하는 것만으로 인권이 보장되지는 않잖아?
DO

UN은 세계인권선언의 내용을 구체적으로 실천하기 위해서 1966년 국제인권규약을 제정해.
UN
인권규약

국제인권규약은 조약에 가입한 당사국들이 법적 책임을 지게 되어 있어.
국제인권조약
국가
책임

일단 조약에 가입한 당사국들은 조약이 인정한 권리를 실현하기 위해 모든 필요한 조치를 취할 의무가 있다고 규정하고 있지.
국가
의무
권리

국민들을 부당하게 감옥에 가둔다거나,
감옥

강제노역을 시키는 법률이 존재하는 경우,
법률

그 법률은 국제인권규약과 일치하게 개정되거나 폐지되어야 해.
법률

조약에 가입한 당사국들은 자신의 국민들의 인권을 잘 보호하고 있는지 국제사회의 관심을 받게 되지.
인권 문제는 우리나라 국내 문제입니다.
말도 안 되는 말씀!
국 가
국 제 사 회

국제인권규약은 '경제적 · 사회적 · 문화적 권리에 관한 조약'과
경제적
사회적
문화적
국제인권규약

'시민적 · 정치적 권리에 관한 조약'으로 구성되어 있어.
정치적
시민적

'경제적 · 사회적 · 문화적 권리에 관한 조약'은 경제적으로 생계를 유지할 수 없을 만큼 가난한 상태에서는

인간의 기본적 인권이 보장될 수 없다고 보고,
깨갱!
크르르~

사람들의 경제적 기본권이 보호받아야 할 것을 규정하고 있어.
인권

UN 통계에 따르면
UN

세계 인구 중 10억 명 이상이
세계 인구 70억
10억 이상

빈곤과 기아, 문맹 및 만성적인 질병에 시달리며

15억 명 이상의 사람들이 깨끗한 식수가 없는
비위생적인 환경에서 살고 있고,

5억 명 이상의 어린이들이
5억이상
70억

기초교육도 받지 못하는
상태에서 살고 있어.

'경제적 · 사회적 · 문화적 권리에 관한
조약'은
문화적
경제적
사회적
조 약

이런 상태를
보완하기 위해
만들어진 조약이지.

이 조약은 또 여성들이 경제적 · 사회적 인권을 보장받지 못한다고
보고 남녀가 동등하게 경제적 · 사회적 권리를 누릴 것을
규정하고 있어.
규약

특히 이슬람 세계에서 여성들의
지위는 비참한 상태야.

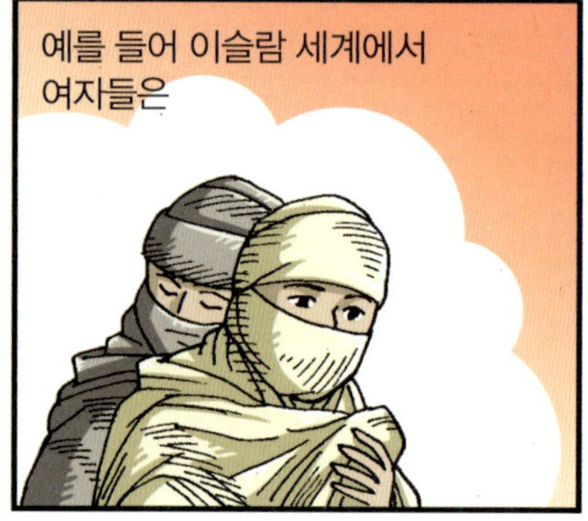

예를 들어 이슬람 세계에서
여자들은

집안에서 정해 주는 남자와만
결혼할 수 있는데,

만약 이를 어기고 다른 남자와 사귀다가 순결을 잃게 되면

가족들이 그 여자를 죽일 수 있는 '명예살인'이라는 관습이 있어.
관습이야~!

2009년 UN의 통계에 따르면
2009년
UN통계

명예살인에 의해 죽임을 당하는 이슬람 여성의 수가
명예살인

매년 5,000명에 달한다고 해.
5,000명

또한 이슬람권의 여성들은 교육과 취업, 정치 참여에서 차별 대우를 받고 있어.
교육 취업 정치

사우디아라비아의 여성들은 지방선거에서 투표할 권리조차 없고,
투표권

쿠웨이트, UAE(아랍에미리트) 등도 최근에야 여성 투표권을 도입했고,

레바논 여성은 초등교육을 이수해야만 투표권을 행사할 수 있어.
투표장

또 '경제적 · 사회적 · 문화적 권리에 관한 조약'은
모든 사람은 노동에 의해 생계를 유지할 권리가 있고,

국가는 노동의 권리를 보호하기 위해 필요한 조치를
취해야 하며,
안전막
국가

모든 사람들이 노동조합을 결성하고 가입하며 파업할
권리를 가진다고 규정하고 있어.
기본급 보장하라
보장하라 !!
노조
노조
노조
라 !!
국가

또한 어린이, 노인, 여성, 임산부, 장애인 등
사회적 약자에 대한 국가의 보호를 규정하고 있지.
국가
노약자 보호석

한편 '시민적 · 정치적 권리에 관한 조약'은 사람답게 살기 위해서 반드시 누릴 수 있어야 하는 권리로서,

고문과 잔인한 형벌, 노예무역 · 노예제도 · 강제노동을
금지하고,

신체의 자유와 안전에 대한 권리 등을 규정하고
있으며

또한 자기 나라를 포함해서 어떤 나라든지 떠날 권리 및 돌아올 권리가 규정되어 있어.
국가

이 권리들은 사람답게 살기 위해서 반드시 확보되어야 하는 것들이므로,
권 리

이 권리들을 보장하기 위한 UN의 감독은 무척 강력해.
UN
국가

국가로부터 박해를 받거나,
국가

시민적·정치적 권리를 침해당한 개인은
빠샤!
국가

UN 인권위원회에 진정서를 제출할 수 있어.
진정서
UN

UN 인권위원회는 제출된 보고서를 검토하고
UN
진 정

인권 침해의 사실이 있을 때는
UN
국가

그 국가에게 정치적 압박을 가할 수 있지.
UN
국가

UN을 중심으로 한
국제사회는

어린아이들과 난민 같은
사회적 약자와 소수자들은

특별히 보호받지 않으면
인권 침해를 받기 쉽다고 보고

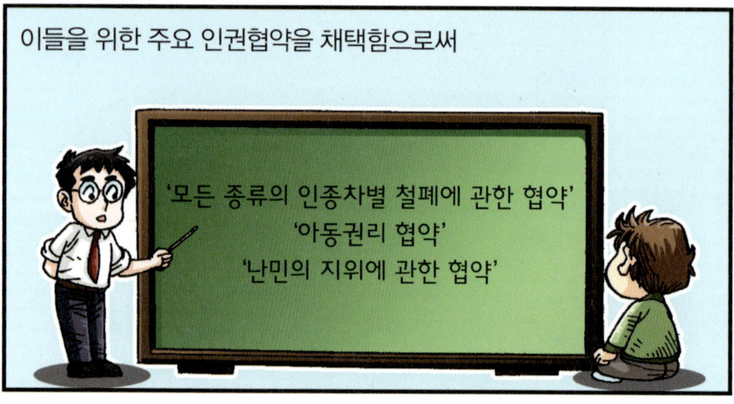

이들을 위한 주요 인권협약을 채택함으로써
'모든 종류의 인종차별 철폐에 관한 협약'
'아동권리 협약'
'난민의 지위에 관한 협약'

인권 신장을 위한 국제사회의 노력을
한 차원 높였어.
국제 사회

특히 1963년 UN은 '인종차별 방지 결의안'을 채택하였는데,

이 선언서는 인종차별 정책을 국제평화와
안전에 대한 위협이라고 규정하고,
인종차별
국제평화 안전

UN의 목표는 인종차별이 없는 국제사회를 건설하는 것이라고
선언했지.
UN
인종차별
인종차별
인종차별
인종차별

이후 1965년 12월 UN 총회에서

'모든 형태의 인종차별 폐지에 관한 국제협약'을 채택하여, 인종차별을 감시하는 국제 시스템이 설치되었지.
국제협약

그러나 대부분의 국가들은 자국 내에 인종차별이 있다는 것을 인정하지 않으려 해.
NO!
NO!
NO!
NO!
NO!
국가
국 가
국 가
국 가
국

제2차 세계대전 이후 가장 심각한 인종차별 국가였던 남아프리카공화국(남아공)도
남아프리카 공화국

자국 내에서 시행되는 인종차별 정책인 '아파르트헤이트'는

인종차별이 아니라고 주장했어.
NO
남아프리카 공화

그러나 남아공에서는 전체 인구의 70%가 넘는 흑인들이 정부의 정책에 관여할 수 없었고,
정부 정책

극히 제한된 국토의 일부분을 제외하고는 출입증 없이 통행할 수 없게 만들었어.
통행증 있나?
통행증

흑인들은 백인들과는 다른 별도의 대중교통수단을 이용해야 했고,

심지어 흑인들은 백인들에게 말을 걸 수도 없었지.

결국 1973년 UN과 국제사회는 남아공의 인종차별·분리 정책을 근절하기 위한 '아파르트헤이트 범죄의 진압 및 처벌에 관한 국제협약'을 UN 총회에서 의결하게 되었지.
국제사회
UN
아파르트헤이트

이 협약은 아파르트헤이트 정책이 반인륜적일 뿐 아니라
아파르트헤이트

국제평화와 안전을 위협하는 국제범죄라고 규정했어.

UN은 회원국들에게 남아프리카공화국과의 외교와 무역을 중단할 것을 요청했어.
NO!
UN
회 원 국
남아프리카 공화국

영국, 프랑스 등 많은 국가들이

UN의 제안에 동의하여 실제로 외교관계를 단절하기도 하고,
영국
프랑스
남아프리카 공화국

무역을 금지하는 조치를 취하기도 했지.
국제사회
남아프리카공화국

이런 국제사회의 노력과 더불어
남아공

남아공의 위대한 지도자 넬슨 만델라가

반(反)아파르트헤이트 정치 운동을 주도했어.
반대!
반대
해체

그리고 1994년 5월 넬슨 만델라가 남아공의 대통령에 당선된 후 남아공의 인종차별 정책인 아파르트헤이트는 완전히 철폐되었지.
해체하라!
1994년 5월
아파르트헤이트

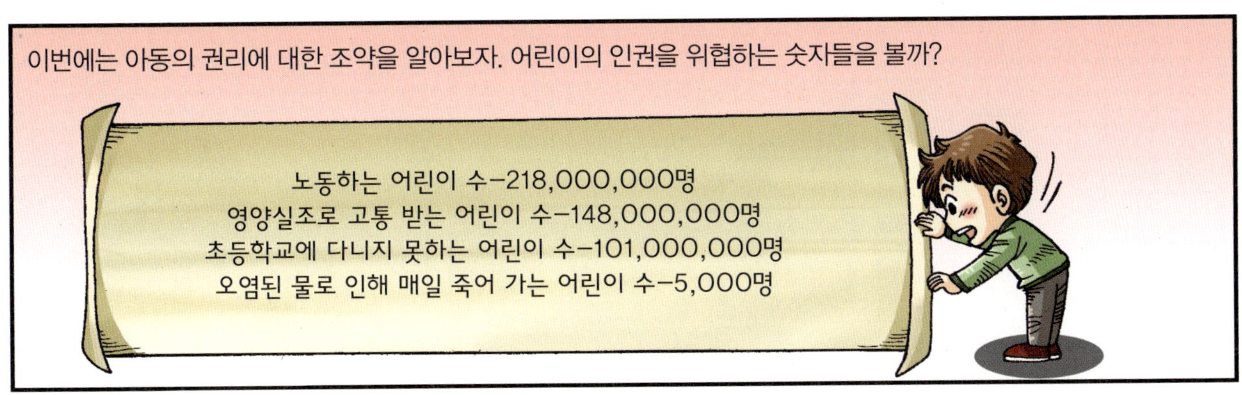

이번에는 아동의 권리에 대한 조약을 알아보자. 어린이의 인권을 위협하는 숫자들을 볼까?
노동하는 어린이 수-218,000,000명
영양실조로 고통 받는 어린이 수-148,000,000명
초등학교에 다니지 못하는 어린이 수-101,000,000명
오염된 물로 인해 매일 죽어 가는 어린이 수-5,000명

이처럼 세계 곳곳에서 수많은 어린이들이 행복하게 살 권리를 누리지 못한 채 고통 받고 있어.

아프리카 콩고는 오랜 내전으로 고통을 당하고 있는 나라야.

집과 병원, 학교는 모두 파괴되었고,

수많은 사람들이 목숨을 잃었지.

살아남은 사람들은 극심한 굶주림에 시달리고 있어.

어린아이들이 먹을 것을 구하기 위해 길거리로 나와 동냥을 하고, 장사를 하고 있단다.

북한에도 먹을 것이 없어 굶어 죽는 아이들이 많아.
북
한

부모가 없어 거리에 나와 구걸하는 아이들을 '꽃제비'라고 하는데,

식량 문제가 심각한 북한에서 꽃제비들은

인간 취급을 받지 못하며 살고 있지.

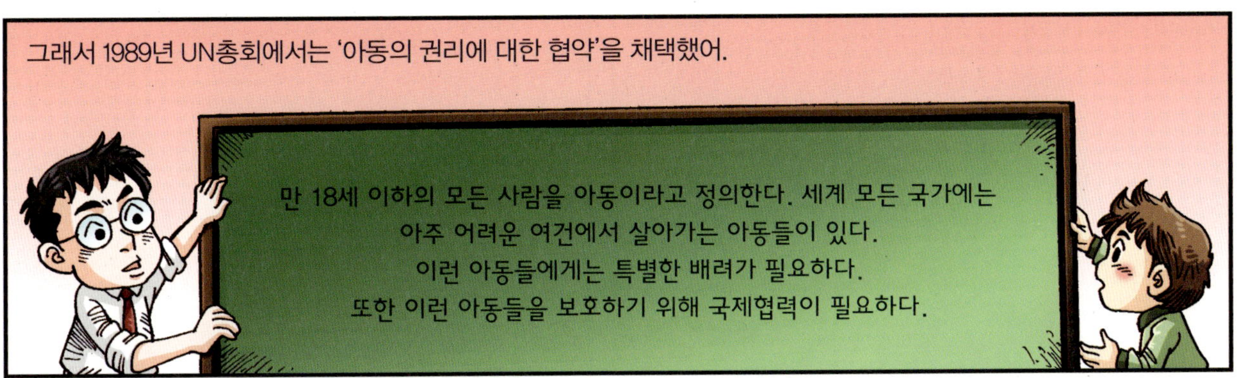

그래서 1989년 UN총회에서는 '아동의 권리에 대한 협약'을 채택했어.
만 18세 이하의 모든 사람을 아동이라고 정의한다. 세계 모든 국가에는
아주 어려운 여건에서 살아가는 아동들이 있다.
이런 아동들에게는 특별한 배려가 필요하다.
또한 이런 아동들을 보호하기 위해 국제협력이 필요하다.

'아동의 권리에 대한 협약'에 가입한 국가들은
아동의 권리에 대한 협약
국가
국가

자기 나라의 아동들이 어떻게 살고 있는지에 대한 보고서를
국가
보고서

UN 사무총장에게 제출해야 할 의무가 있어.
국가
보고서

UN 사무총장과 아동권리위원회는 이 보고서를 참고로 해서 각 나라의 실태를 감시하고 있지.
보고
나라
나라
나라

다음으로 난민 문제를 알아볼까? 요즘 해적으로 유명한 나라 소말리아 알지?

이 나라는 1991년 군사 독재 정부가 붕괴된 후 20년 동안 정부군과 반군 사이에 전쟁을 치렀고,

수많은 사람들이 이런 내전 상태를 피해서 이웃 나라인 케냐로 탈출했어.

이렇게 자기 나라를 탈출하여 이웃 나라에 머물러 있는 사람들을 난민이라고 하는데,

지구상에는 이런 난민들의 수가 3,500만 명이나 돼.

이렇게 국가가 자기 국민을 잘 보호하지 못하거나 보호할 능력이 없는 경우에

국제사회가 개입하여 보호해야 할 필요성이 제기된 거야.

제2차 세계대전 후 'UN 난민고등판무관'이 설립되었고,

UN은 1951년 '난민 지위에 관한 협약'을 체결하여 UN 난민고등판무관이 난민 보호에 관해 국제적 협력을 하는 기관임을 명시하고,

각국과 UN 난민고등판무관이 협력에 의해 난민 문제를 효과적으로 처리할 것을 규정하였어.

그런데 이 조약은 1951년 이전 유럽 지역에서 발생한 난민만을 적용 범위로 한정한 것이어서,

결국 1967년 '난민 지위에 관한 의정서'를 통해 1951년 난민 지위에 관한 협약의 시간적·지리적 제한을 삭제한 후, 오늘날의 '국제난민조약'이 탄생하게 되었지.
1967년
국제난민조약

1950년대에 난민고등판무관의 활동은 유럽 지역에 국한되어 있었어.
판무관
유럽

하지만 1980년대에 아시아, 아프리카, 중앙아메리카 3개 대륙에서 대량의 난민이 발생해서, 난민고등판무관의 활동이 크게 확대되었어.
• 1979년 소련의 아프가니스탄 침공: 약 600만 명의 아프가니스탄 사람들이 근처의 이란과, 파키스탄 등지로 탈출
• 엘살바도르, 니카라과, 과테말라 등지의 공산화 운동: 50만 명의 난민이 미국 등 인접 국가로 탈출

1990년대에는 소련의 붕괴와 구 유고슬라비아공화국의 내전, 이라크 전쟁, 르완다의 대량학살 등으로 전 세계에 수많은 난민이 생기게 되었지.

이 시기에는 난민의 수가 워낙 많아

인접 국가들에 많은 정치적·경제적 부담을 주게 되자,
정치적
경제적
국가

오히려 난민을 제한적으로 보호하려는 분위기가 나타나기도 했어.
난민
가
국가

그러나 난민 협약에 가입한 국가와 난민고등판무관의 보호는 절대적이야.
가입국가
판무관

그래서 협정 가입 국가들은 UN 난민고등판무관에 협조할 의무가 있고,
판무관
가입국
가입국
가입국
가입국

적절한 절차를 거쳐 난민의 지위를 인정받은 사람은
난민

다른 외국인들과 동일한 수준의 사회적 · 경제적 대우를 받게 된단다.

원래 인권에 대한 문제는 '특정한 시대나 사회적 조건에서 인간답게 살 권리'의 문제이기 때문에

그 구체적 내용이 정해졌다기보다는
국어사전
옥편
영어사전

시간이 흐르고 사회가 변화함에 따라 새로운 이슈가 나타나곤 하지.

지금까지는 앞에서 살펴본 것처럼 인종, 여성, 아동, 난민에 대한 인권 문제가 UN을 비롯한 국제사회의 관심을 끌었지만
UN
난민
국제사회

기술문명의 발전과 정보화 및 세계화라는 추세에 따라 최근에는

개인의 사생활 문제, 정보 접근권 문제,

노동권 문제, 외국인 노동자의 인권 문제,

고령화 문제와 노인의 인권 문제,

생명권과 장기이식 문제 등

새로운 인권 문제가 쏟아져 나오고 있어.
인권
인권
인권

이제 지구는 여러 측면에서 '각 나라의 집합'이라기보다는 하나의 공동체가 돼 가고 있어.

국제사회에서 인권 문제는 이제 모두의 문제이고, 또 그래야만 한다는 걸 이해하겠지?

국제관계의 변수,
핵의 평화적 사용

1945년 8월 미국은 히로시마와 나가사키에 원자폭탄을 투하함으로써 일본으로부터 항복을 이끌어 내고 2차 대전을 끝냈어요. 이후 원자폭탄은 국제관계의 중요한 변수로 등장하게 되었어요.

원자폭탄을 가장 먼저 소유한 미국은 국제정치에서 주도권을 행사하게 되었어요. 이런 미국의 주도에 위협을 느끼게 된 소련 역시 1949년 8월 핵 개발에 성공하죠. 이후 미국과 소련은 핵무기 경쟁을 시작하게 되었고 이것은 인류의 '상공멸망'이라는 전 세계적 우려를 낳게 되었어요. 만약 미국과 소련이 전면전을 벌여 핵무기를 사용하는 상황이 될 경우 인류가 파멸할 수 있다는 염려였죠.

가공할 만한 위력의 핵실험.

이런 미국과 소련의 대치가 내포하고 있는 위험을 극적으로 보여 준 사건이 쿠바 미사일 위기예요. 1962년 10월 23일부터 11월 2일 사이에 소련은 쿠바에 핵미사일 설치를 두고 미국과 대치하면서 인류를 공포에 떨게 했어요. 미국의 케네디 대통령은 소련이 미국에 대한 핵공격을 하기 위해 쿠바에 미사일을 설치하려 한다고 소련을 비난하면서 쿠바에 대한 해상 봉쇄를 실시했죠. 케네디는 소련의 후르시초프 서기장에게 UN 감시하에 공격용 무기를 철거할 것을 요구했어요. 전 세계가 핵전쟁의 공포 속에 떨고 있을 때, 후르시초프는 미국이 쿠바를 공격하지 않는다는 약속을 받아내고 쿠바에 설치하려던 미사일을 철거했고, 핵 위기는 다행히 끝을 맺게 됐어요.

　이후에도 프랑스, 중국, 인도, 파키스탄, 이스라엘 등으로 핵무기가 확산되어 가자 국제사회는 핵무기에 대한 국제적 합의가 필요하다고 인식하기 시작했고, 1969년 UN 총회에서 핵확산금지조약이 체결되었어요. 핵확산금지조약의 내용은 1) 핵무기 보유국은 핵무기나 핵무기에 대한 관리를 제3국에 양도하지 않을 것을 약속하고, 2) 핵을 보유하지 않은 국가들은 핵무기를 제조하거나 획득하지 않을 것을 약속하고, 3) 핵확산금지조약에 서명한 국가들은 핵의 평화적 이용에 관해 지위가 보장되고, 4) 핵을 보유하지 않은 국가들은 원자력을 핵무기로 전용하는 것을 방지하기 위해 국제원자력기구(IAEA)의 사찰을 비롯한 안전 조치를 받아들이는 것이에요. 이것은 핵무기가 국제사회에서 확산되는 것을 방지하고, 대신 핵무기를 보유하지 않은 국가들에게 핵의 평화적 사용의 길을 열어 놓은 국제조약이죠.

　2009년 12월 현재 조약의 가맹국은 미국·러시아·중국·영국·프랑스 등 핵 보유국을 비롯한 189개국이에요. 한국은 1975년 4월 23일 정식으로 가입했고, 북한은 1985년 12월 12일 가입했으나 1993년 3월 12일 탈퇴를 선언했고, 1994년 6월 13일 국제원자력기구에 탈퇴선언을 제출했어요.

2005년 무함마드 엘바라데이 사무총장과 함께 노벨 평화상을 받은 국제원자력기구 본부.

이어령의 교과서 넘나들기

제2차 세계대전 직후 유럽 국가들은 큰 변화에 직면하게 돼. 가장 큰 변화는 자신들의 국가가 거의 황폐화되었다는 사실이야.
국 가
국
가

독일, 프랑스, 이탈리아 등 유럽의 주요 국가들은

전쟁으로 자국의 농지와 공장 등이 파괴되고,

거리에는 실업자들이 넘쳐나는 등

새롭게 국가를 건설해야 할 지경에 이르렀지.
국가

또 유럽인들은 어떻게 하면 전쟁을 다시 하지 않을 수 있을까를 고민하게 되었어.
유 럽

한편 이 시기는 미국과 소련이 세계를 양분하여
미국
소련
세 계

유럽이 국제사회에서 영향력을 행사하는 무대가 점점 좁아지던 때야.
NO
미국
유럽
소련
NO!

*코냑(코냐크 지역에서 생산되는 포도주로 만든 브랜디)

특히 독일과 프랑스의 화해가 유럽의
평화를 가져올 거라고 생각했어.
유럽의 평화
독일 프랑스

그래서 그는 독일과 프랑스를 중심으로 전쟁에서 유용한 석탄과
철강을 공동으로 생산, 관리할 것을 제안했어.
철강
독일
프랑스
석탄

당시에 석탄은 '산업의 빵'으로 불릴 만큼 가장 중요한
에너지원이었거든.

철강 역시 산업의 발전에 가장 중요한 자원이었어.

그래서 석탄과 철강이 풍부한 루르·자르 지역의 석탄과 철강의 생산 및 관리를 독일과 프랑스가 중심이 되어
이탈리아, 벨기에, 네덜란드, 룩셈부르크 등 6개국이 공동으로 관리하게 하는
이탈리아
벨기에
프랑스
독일
네덜란드
룩셈부르크

초국가적 공동 관리 기구를 만드는 게 그의 생각이었지.
공동 관리

그는 자신의 계획을 당시 프랑스 외무부장관이던
로베르 쉬망에게 제출했고,

1950년 5월 9일, 쉬망은 이를 바탕으로 유럽 여러 나라의 평화적 관계를 유지하기 위해 조직화된 유럽이 필요하다는 제안을 발표했어.

유럽석탄철강공동체는 최초의 초국가적 국제기구라는 점에서 큰 의의가 있어.

'초국가적 기구'는 독일이나 프랑스 같은 개별 국가들로부터 독립되어 의사결정을 할 수 있지.
초국가적 기구
독일
프랑스

서유럽의 6개 국가들은
벨기에
프랑스
룩셈부르크
이탈리아
네덜란드
독일
유 럽

유럽석탄철강공동체를 만들기 위한 회담을 1950년 6월 시작하여
독일
네덜란드
프랑스
벨기에

2년간의 논의 끝에 1952년 7월에 최종 합의에 도달했지.
독일
네덜란드
프랑스

그리고 이후 통합을 위한 여러 시행착오를 겪으면서
통합

경제 분야의 통합이
유럽
경제통합

유럽통합의 활력을 불어넣는 최선책이라는 데 합의하고,
유럽통합

1957년 유럽경제공동체(EEC)를 출범했어.
EEC
공동체 내 회원국의 경제 활동의 조화로운 발전, 지속적이고 균형 있는 경제 성장, 생활수준의 빠른 향상과 회원국 간의 더욱 친밀한 관계를 추구한다.

1970년대에 접어들면서 유럽경제공동체는 더욱 확산되어 1973년에 영국, 아일랜드, 덴마크가 가입했고,
아일랜드
영국
덴마크
가 입
1973

1981년에는 그리스, 1986년에는 포르투갈과 스페인,
1981 년
1986 년

1995년에 오스트리아, 핀란드, 스웨덴이 가입하면서 유럽경제공동체는 12개국이 됐지.
12개국
유럽경제 공동체

이후 이들 국가들은 단일유럽시장을 만들겠다는 야심찬 계획에 동의하게 되었어.
동의!
동의!
단일 유럽 시장

그렇다면 유럽경제공동체와 단일유럽시장의 차이는 뭘까?
단일유럽시장
?
유럽경제 공동체

우선 경제공동체와 단일시장이 추구하는 방향은 동일해.
하나의 유럽

둘 다 하나의 유럽을 만들자는 데는 공감을 하고 있어.
경제 공동체
단일 시장

그러나 경제공동체가 기존 국가의 경계를 인정한 상태에서 사람, 자본, 서비스의 이동을 자유롭게 하자는 제안이라면,
사람
서비스
자본
국가
국가

단일시장은 국가 간 국경 자체를 없애자는 거야.
국가
국가

경제공동체 시절에는 독일에서 네덜란드로 일하러 가기 위해서는
네덜란드

네덜란드 비자를 받고 입국 허가를 받아야 했지만
입국비자

단일시장에서는 그런 비자나 입국 절차 없이 자유롭게 이동하여 일할 수 있지.
통과!
네덜란드

즉, 단일시장은 경제공동체의 약점을 보완하여 더 발전시킨 형태라고 할 수 있어.
단일시장
경제공동체

또한 단일시장은 경제공동체에 비해 그 적용 범위를 훨씬 더 확대했어.
공동체
단일시장

자본의 이동과 금융활동이 자유로워졌지.
$
$
$
$

뿐만 아니라 환경보존을 위한 공동 정책을 비롯하여
단일시장
환경보존
공동정책

공동으로 공공 정책을 추진하는 것에도 합의했지.
공공 정책

단일시장은 경제적 국경을 없앨 뿐 아니라, 하나의 공동체가 되기 위해 필요한 공동 환경 정책, 공동 통화 정책 등을 추진하는 데 합의한 거라고 볼 수 있어.
국경
단일시장
환경 정책
통화 정책
공동체

1992년 2월 유럽공동체는 마스트리히트 조약을 체결하여 유럽연합(European Union, EU)으로 재탄생했고,
European Union
마스트리히트

유럽의 단일 화폐, 단일 국기를 만들기로 합의했지.
€

회원국들은 1999년 1월 1일을 기점으로
1999
1월
1

유로(EURO)라는 단일 화폐를 도입했어.
€

현재 덴마크, 스웨덴을 제외하고
EU
덴마크
스웨덴

나머지 유럽연합 회원국들은 자국의 화폐 대신 유로를 공식 화폐로 사용하고 있어.
EU

2004년에는 폴란드 등 10개국이 가입했고,
폴란드
헝가리
체코
슬로바키아
리투아니아
라트비아
몰타
키프러스
EU

2007년에 두 나라가 가입함으로써 총 27개국으로 늘어났지.
루마니아
불가리아
가입
EU

그리고 2013년 7월에 크로아티아가 유럽연합의 28번째 회원국으로 가입할 예정이야.
크로아티아
가입
EU

유럽석탄철강공동체 이후 유럽 통합은
유럽통합
유럽석탄공동체

두 개의 서로 다른 입장을 가진 그룹들이 대립하면서 발전해 왔어.
반대
찬성

하나는 유럽통합을 국가 간 지역기구로 발전시키자는 거야. 즉 국가의 권한을 포기하는 초국가적 국제기구를 만드는 것에는 동의하지 않는 거지.
초국가적 국제가 반대한다.
반대
찬성

다른 하나는 유럽통합이 초국가적 지역통합으로 진행되어
유럽통합
초국가적 지역통합

궁극적으로 유럽합중국을 만들어야 한다고 생각하는 그룹이야.
동의한다
찬성
우리는 동의 한다! 한다!

유럽통합의 미래에 대해 서로 다른 입장을 가진 이들이
반대
찬성

때로는 서로 대립하면서, 때로는 서로 협력하면서
반대
찬성

유럽통합은 지속적으로 발전하고 있어.
유럽통합

유럽연합과 같은 지역통합은
유럽연합

유럽뿐만이 아니라 세계 모든 지역에서 일어나고 있어.
아세안
통합
아세안
연합
동맹

아메리카 대륙의 미국, 캐나다, 멕시코는 북미자유무역협정(NAFTA)을 체결하여 북미 지역의 경제를 통합하려고 하고 있고,
노동력과 자원
자본과
자본과 기술
캐나다
멕시코
북미무역자유협정

아프리카 국가들도 2001년 아프리카연합(Africa Union)을 출범하여,
아프리카

유럽연합처럼 단일 의회, 단일 통화를 가진 국가연합을 만들려고 노력 중이야.
유럽연합

동남아시아의 10개국은 1967년에 아세안(ASEAN)이라는 지역기구를 만들어,
라오스
미얀마
타이
말레이시아
캄보디아
베트남
인도네시아
필리핀
브루나이
싱가포르

지역의 경제성장, 평화와 안정 등을 목적으로 지역통합을 추진해 왔어.
지역통합
지역안정
경제성장
지역보호
지역평화

그렇다면 왜 지역통합이 일어나는 것일까?

우선 지역경제를 통합하면 지역 국가 간 관세가 인하되어 회원국 간 무역이 더 활발해질 것이고,

시장이 커지면 기업은 생산을 확대하면서
기업

동시에 경쟁이 치열해져
상품
상품

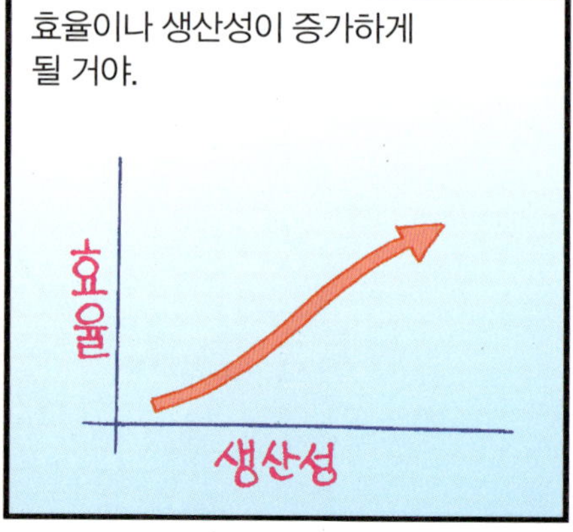

효율이나 생산성이 증가하게 될 거야.
효율
생산성

지역통합이 일어나는 또 다른 이유는 세계화가 세계 경기를 더 불안정하게 만들어
외환위기 같은 사태를 일으키고 있기 때문이야.
세 계 화
세 계 경기
외환위기

우리나라도 지난 1997년
외환위기를 겪으면서
한국

수많은 사람들이 직장을 잃어
실업자가 되고,
직장

우리 정부는 IMF에 도움을 요청할
수밖에 없었잖아.
한국
IMF

이런 금융위기는 우리나라만이 아니라 아시아의 태국,
인도네시아 같은 나라들도 같이 겪었던 사태였지.
인도네시아
태국

이런 경제위기를 겪은 나라들이 같은 위기를 다시
겪지 않기 위해 인접한 국가들과 협력하려는 거야.
인도네시아
한국
태국

21세기의 국제사회는 세계화를 통하여 국가 간의 경계가 점점 더 희미해지는 동시에
지역 국가 간의 지역통합이 더 폭넓게 일어날 거야.
21세기 국제관계
세 계 화
지
지역
지역통
지역통합

현실주의와 이상주의

영국의 헨리 워튼(Henry Wotton) 경은 "외교관들은 거짓말을 하기 위해 훈련된 정직한 사람들이다."라는 말을 했어요. 이 말은 국제관계의 중요한 행위자인 외교관들은 자국의 국가 이익을 높이기 위해 거짓말도 기꺼이 할 수 있는 사람이라는 의미예요.

실제로 외교사를 보면 자기 나라의 국가 이익을 위해 상대방에게 거짓말을 하는 것을 볼 수 있어요. 1870년 전후로 독일 통일을 추진하던 프로이센의 수상 비스마르크는 주변 강대국들과 서로 모순된 조약을 체결했어요. 프로이센의 숙적이던 프랑스를 고립시키기 위해 비스마르크는 러시아, 오스트리아 등과 각각 상대방이 다른 나라와 전쟁을 할 경우 서로 도와준다는 상호동맹 조약을 체결하죠. 문제는 러시아와 오스트리아는 서로 숙적관계에 있었다는 사실이었어요. 만약 러시아와 오스트리아가 서로 전쟁을 하게 된다면 프로이센은 어느 누구의 편도 들 수 없는 상황에 놓이는 것이죠. 그럼에도 불구하고 비스마르크는 프랑스를 고립시키기 위해 러시아, 오스트리아와 각각 동맹관계를 맺은 거예요. 미국 역시 이라크전을 시작할 때 이라크가 대량살상무기를 가지고 있다고 말하여 미국인들 사이에 공포를 조장한 뒤 이라크 침공의 명분을 얻는 거짓말을 했어요.

독일을 통일하여 독일 제국을 건설한 프로이센의 수상 오토 폰 비스마르크.

그러면 국가 이익을 위해 비도덕적인 행동을 하는 것을 어떻게 봐야 할까요?

이 문제에 대해 현실주의자와 이상주의자는 다른 입장을 보이고 있어요. 현실주의 입장에서 보면, 국제사회에는 일반적인 도덕법칙이 존재하지 않아요. 국내사회에서 우리가 남의 물건을 훔치거나 우리의 의무를 이행하지 않으면 그에 상응하는 대가를 치르게 되죠. 그러나 국제사회에서는 이런 일반적인 도덕원칙은 존재하지 않아요. 국제사회에서는 자신이 속한 국가의 정체성을 지키고 국가의 이익을 극대화시키는 것이 최고의 도덕일 수 있다고 간주하죠. 더 높은 차원의 도덕을 실천하기 위해서 작은 도덕률은 무시될 수 있다는 입장이에요. 반면 이상주의자들은 국제관계는 전쟁, 평화, 경제적 문제, 해외 원조 등 다양한 차원의 글로벌 이슈들과 관계되어 있다고 봐요. 따라서 국제관계는 전쟁, 평화, 인권, 사회ㆍ경제적 정의 등의 많은 다양한 것들을 고려해야 하므로 국가 정체성이나 국가 이익을 초월한 도덕적 관점을 가져야 한다고 주장하죠.

국제사회의 질서 유지와 글로벌 이슈들의 해결을 위해 노력하고 있는 반기문 UN 사무총장.

　그러나 실제로는 현실주의와 이상주의는 서로의 입장을 수용하고 있어요. 만일 어느 국가가 자신의 국가 이익만을 추구한다면 그런 나라는 국제사회에서 받아들여질 수 없을 거예요. 반대로 어떤 국가가 자신의 국가 이익에는 상관없이 인류의 보편적 이익만을 추구한다면 국제사회에서 생존하기가 어렵겠죠. 결국 국제관계에서 도덕이란 자기 국가의 이익과 인류 공공의 이익을 동시에 고려하여 자기 국가와 인류 전체에 유익한 결과를 내는 것이라고 볼 수 있어요.

10장 국제사회의 평화는 가능할까?

이후 인류는 거의 매년 전쟁을 치렀어.
1911년 이탈리아-터키전쟁
1912년 발칸전쟁
1914-1918년 제1차 세계대전
1917년 러시아 내전
1918년 핀란드 내전
1918-1919 폴란드-우크라이나전쟁
1919-1922 그리스-터키 전쟁
1918-1920년 에스토니아 독립전쟁

그래서 전 세계적으로 유명한 미래학자인 앨빈 토플러는 이런 말을 했지.
인류가 전쟁을 하지 않은 시간은 3개월 정도밖에 안 된다.

사람들은 모두 전쟁을 두려워하고
전쟁

모든 악의 근원이라고 생각하지만
악
전쟁

살아가면서 겪어야 하는 어쩔 수 없는 것이라고 간주하는 경향이 있었어.
전쟁
전쟁
전쟁
전쟁

그러나 18세기 이성이 중시된 계몽주의 시대가 되면서
이성
계몽주의

전쟁은 피할 수 있고 피해야만 한다는 생각을 처음으로 하게 되었지.
전쟁
전쟁
전쟁
전쟁
전쟁

바로 칸트의 '영구평화론'이 국제연맹과 국제연합의 창설과 운영에 큰 영향을 미쳤단다.
영구 평화론
국제연합
국제연맹

어떤 내용인지 한번 알아볼까?
영구 평화론
칸트

그는 이 책에서 '평화를 위한 예비조항', '평화를 위한 확정조항' 그리고 2개의 추가조항을 통하여 국제관계에 영구적으로 평화를 유지할 수 있는 방법을 제시했어.
예비조항
확정조항
추가조항
영구적 평화

먼저 예비조항의 내용은 다음과 같아.
예비조항

첫째, 장차 전쟁을 일으킬 수 있는 문제를 해결하지 않고 맺은 평화조약은 결코 평화조약으로 간주되어서는 안 된다.

칸트는 서로 싸우는 적대행위를 일시적으로 중지하는 것이 평화로 여겨져서는 안 된다고 보았던 거지.
휴전!
NO!

제1차 세계대전을 종결하면서 독일과 연합국가 간에 맺은 베르사유 조약을 예로 들어 볼게.

이 조약으로 독일은 많은 영토를 빼앗기고,
연합국
땅
독일

독일이 절대로 지불할 수 없는 어마어마한 돈을 전쟁 배상금으로 지불해야만 했어.
연합국
독일

독일 국민들은 절망하였고
독 일

이런 시기에 히틀러는 독일 국민들을 현혹해
여기 봐라~!

독재정부를 수립할 수 있었지.

베르사유 조약으로 제1차 세계대전이 끝난 것 같았지만
연합국
독일
종전
베르사유 조약

그 조약은 사실 전쟁을 다시 일으킬 수 있는 문제를 안고 있었던 불완전한 조약이었다는 얘기야.
연합국
조약

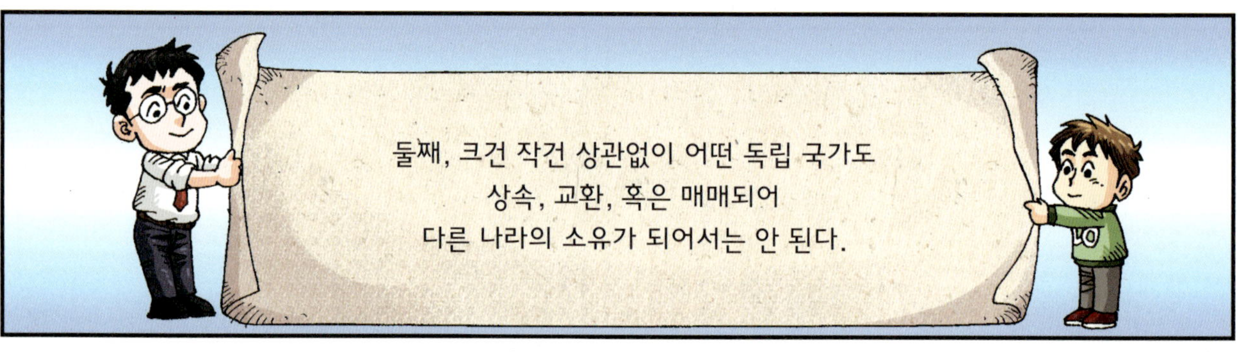

둘째, 크건 작건 상관없이 어떤 독립 국가도
상속, 교환, 혹은 매매되어
다른 나라의 소유가 되어서는 안 된다.

칸트는 국가는 개인이 소유할 수 있는 것이 아니라고 하면서,
NO!

한 국가를 다른 국가가 합병하는 것은
국가
국 가

국가를 물건으로 간주하여 국가의 지위를 파괴하는 것으로 보았어.
국 가

1910년 일본이 한국을 침략하여 합병한 것은 분명 우리나라를 파괴하는 것이었잖아.
합병
한 국
일본

칸트의 말처럼 어떤 국가가 다른 국가의 소유가 될 때 평화는 깨지게 돼.
국 가
국 가
평화

셋째, 상비군은 조만간 완전히 폐지되어야 한다.

상비군은 늘 전쟁에 대비하고 있으므로
상비군

다른 나라들을 위협하게 돼.
국가

그래서 각 나라는 다른 나라들과 끝없이 군비 경쟁을 하게 되지.
국가
국가
국가

칸트는 군대를 유지하는 지출에 부담을 느끼는 국가들이 이 부담에서 벗어나기 위해 단기간의 전쟁을 선택하게 된다고 했어.
전쟁
국가
국가
국가

아울러 전쟁을 통하여 사람을 죽이도록, 혹은 다른 사람에게 죽임을 당하도록 고용된다는 것은

인간이 다른 사람의 손에 놀아나는 기계나 도구로 전락하는 것이라고 보았어.

넷째, 국가 간의 전쟁을 목적으로 어떠한 국채도 발행해서는 안 된다.

국가는 세금을 초과하여 어떤 공사나 사업을 벌이는 경우 국채를 발행하여 부족한 자금을 채우게 돼.
세금
국가
국채

칸트는 도로의 건설이나 재난을 대비하기 위한
국채의 발행은 필요하다고 했지만
국가
국채

전쟁 자금 조달의 목적으로 채권을 발행하는 것은
어떤 경우에도 허용되어서는 안 된다고 했지.
전쟁
국채
전쟁
국채
국가
NO!
NO!

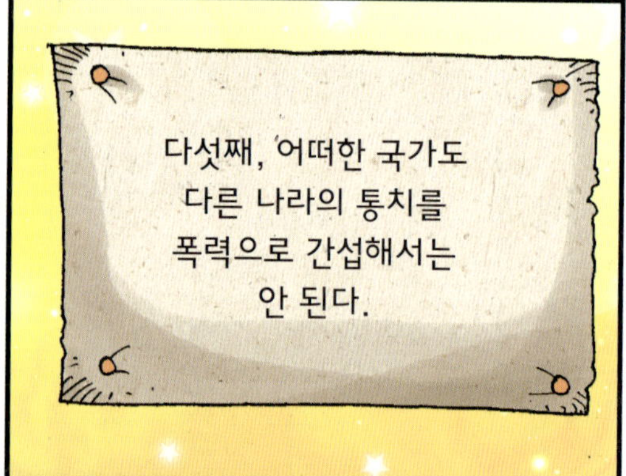
다섯째, 어떠한 국가도
다른 나라의 통치를
폭력으로 간섭해서는
안 된다.

칸트는 다른 나라의 내정을 간섭하는 것은 독립된 국민의 권리를
침해하는 것이기 때문에
싸우지 말란
말이야!
국가
국가
국가

어떠한 경우에도 해서는
안 된다고 했어.
NO!

즉 어떤 나라의 내부 문제를
간섭하려는 것은
국가
국가

그것 자체가 침략이라고
보았던 거지.
침략

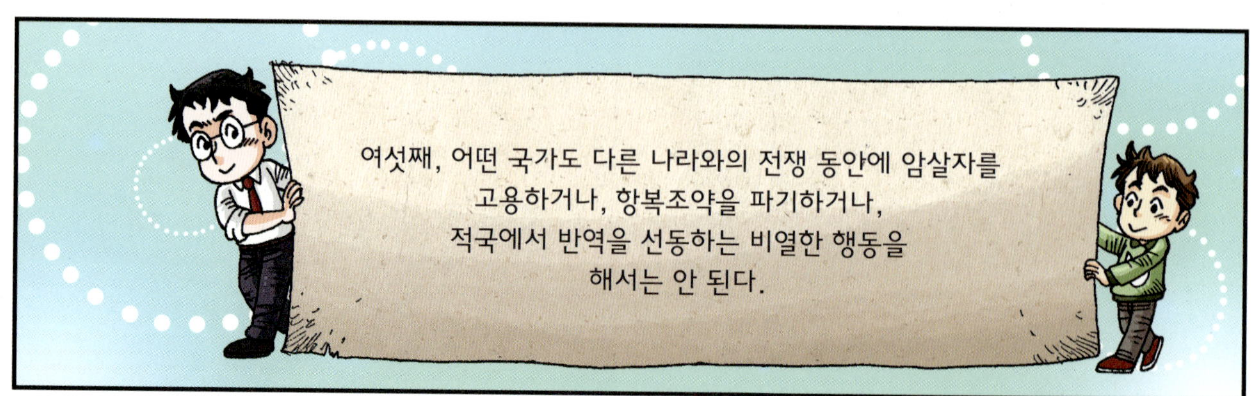
여섯째, 어떤 국가도 다른 나라와의 전쟁 동안에 암살자를
고용하거나, 항복조약을 파기하거나,
적국에서 반역을 선동하는 비열한 행동을
해서는 안 된다.

칸트는 전쟁 중이라도 서로의 성품에 대한 최소한의 신뢰가 있어야 한다고 했어.
국가
국가

그렇지 않으면 어떤 평화조약도 체결할 수 없게 되고 서로를 초토화시킬 것이라고 보았지.
평화
조약

다음은 칸트의 확정조항을 알아보자.
확정조항
칸트

첫째는 '모든 국가의 정치 체제는 공화정이어야 한다'는 거야.
공화정!

공화정이란 법을 만드는 입법부와 법을 집행하는 행정부가 분리되어야 하는 것을 의미하는데,
입법부
행정부

칸트의 공화정 제도는 법이 지배하고,
사법
입법
행정
법

입법, 사법, 행정의 삼권이 분리된 정치제도와
입법
사법
행정

선거로 선출된 국민의 대표가 통치하는 대의정치가 확립된 것을 의미해.
기표소
투표함

결국 칸트는 모든 국가들이 이런 공화정치 제도를 채택할 때에만 영구평화가 가능하다고 보았어.
국가
공화정치
영구평화

두 번째는 '국제법은 자유로운 국가들의 연방체제에 기초하지 않으면 안 된다'는 주장이야.
연방체제!

칸트는 전쟁을 영구적으로 예방하기 위해서
전 쟁

국가들 간 합의로 만들어진 국제연맹 같은 기구가 필요하다고 보았어.
국제연맹

영구평화는 여러 독립된 국가들이 하나의 연합체를 만들어 국제법을 제정하여 실천할 때 가능하다고 보았던 거야.
국가
국가
연합체
영구평화
국제법

칸트의 이런 구상은

150여 년이 지나 UN의 탄생으로 실현되었다고 볼 수 있어.
UN

그렇다면 칸트의 영구평화를 위한 구상이 실현된다면 영구평화가 가능할까?
영구 평화

아마도 그렇지는 않을 거야.

칸트가 구상한 국제연맹은 1945년 UN의 탄생으로 실현되었지만
UN

국제사회는 여전히 전쟁이 끊이지 않고 있어.

제2차 세계대전을 통하여 전쟁의 비참함을 경험했지만

전쟁은 여전히 계속되고 있지.

그러나 사람들 역시 평화를 위해 끊임없이 노력하고 있어.
전쟁을 즉각 중지하라!!
반
반전!
반대

어떤 사람들은 외교관이 되어서,

어떤 사람들은 UN이나 국제적십자사 같은 국제기구에서,

어떤 사람들은 학자가 되어서 국제평화를 찾는 방법을 모색하고 있지.

분쟁이 없는 사회는 아마 없을 거야. 그러나 동시에 평화를 이루려는 사람들의 노력도 끊임없이 계속될 거야.

모두가 함께
잘 살기 위한 협력 관계

국제개발이라는 이슈는 제2차 세계대전 이후 등장했어요. 제2차 세계대전을 겪으면서 파괴된 세계는 새로운 재건이 필요했고, 또 식민지로부터 독립한 신생 국들은 스스로 국가를 건설할 자원이 없었죠. 국제사회는 저개발 국가들이 교육, 기본적인 의료 혜택, 국가 건설에 필요한 기반시설, 인권, 환경 등에 관한 기본적인 권리를 누릴 수 있도록 지원할 필요가 있었어요. 국제개발은 이런 모든 활동들을 포함하지요.

국제개발협력(International Development Cooperation)은 개발도상국의 빈곤 퇴치와 경제·사회 개발을 지원하는 정부와 민간인들의 모든 활동을 말하며, 이런 활동은 UN 같은 국제기구 등을 통하여 다른 나라들과 광범위한 협력을 필요로 해요. 이런 국제개발을 위하여 설립된 국제기구가 UN 산하의 국제기구인 국제부흥개발은행(International Bank for Reconstruction and Development)을 포함하는 세계은행(World Bank) 그룹이에요. 이 기관들은 저개발 국가들의 가난을 없애고 삶의 질을 높이는 것에 초점을 맞추었어요. 그래서 세계은행은 아시아나 아프리카 등

2012년 4월 16일 세계은행 총재로 선출된 미국 다트머스대학 총장 김용.

저개발 국가들을 상대로 개발을 위한 자금을 지원하고, 개발계획을 수립하거나 집행하는 과정에 자문을 하는 역할을 하고 있어요. UN 전체의 개발원조계획을 조정하는 역할을 하는 기관으로는 UN 개발계획(UN Development Program)이 있어요. UN 개발계획에서는 1) 개발도상국에 전문가를 파견하거나 개발도상국의 학생들에게 장학금을 지원하는 사업, 2) 개발도상국들을 지원하기 위하여 연구소 및 훈련소를 설립하거나 개발도상국의 경제개발계획을 수립하는

사업을 해요.

  1990년대에 접어들면서 UN을 중심으로 한 개발계획들의 성과에 대한 의문이 제기되면서 2000년 UN의 187개국 정상들이 모여 국제사회의 빈곤 퇴치와 지속 가능한 발전을 위해 국제사회가 힘을 합쳐 달성할 8개 조항의 UN 새천년개발목표(Millenium Development Goals)를 발표했어요. 이 8개 조항은 1) 절대빈곤과 기아 퇴치, 2) 모든 어린이의 초등교육 달성, 3) 남녀평등 달성 및 여성의 역량 강화, 4) 어린이 사망률 감소, 5) 산모 건강의 증진, 6) 에이즈, 말라리아 및 기타 질병의 퇴치, 7) 지속 가능한 환경보전, 8) 개발을 위한 글로벌 파트너십 발전 등이에요.

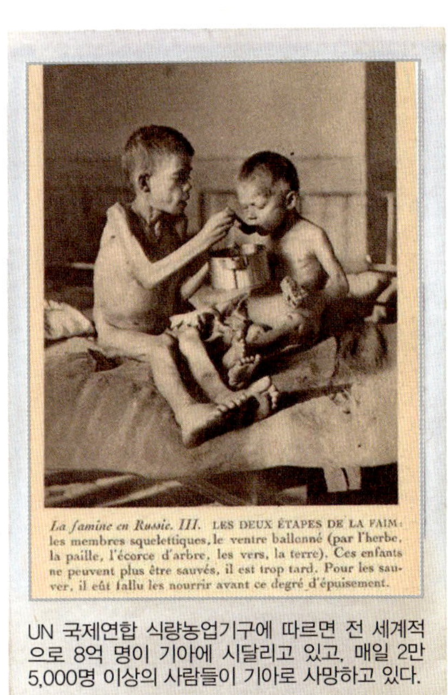

La famine en Russie. III. LES DEUX ÉTAPES DE LA FAIM: les membres squelettiques, le ventre ballonné (par l'herbe, la paille, l'écorce d'arbre, les vers, la terre). Ces enfants ne peuvent plus être sauvés, il est trop tard. Pour les sauver, il eût fallu les nourrir avant ce degré d'épuisement.

UN 국제연합 식량농업기구에 따르면 전 세계적으로 8억 명이 기아에 시달리고 있고, 매일 2만 5,000명 이상의 사람들이 기아로 사망하고 있다.

  우리나라는 이런 국제원조 역사상 가장 특별한 경우라고 할 수 있어요. 50년 전 우리나라는 세계은행의 돈을 빌려 경제개발을 시작했고, UN 개발계획의 원조 프로그램을 통해 사회 환경을 개선할 수 있었죠. 우리나라가 해방 이후부터 90년대 후반까지 국제사회로부터 받은 원조 금액은 127억 달러로 현재 가치로 환산하면 600억 달러, 70조 원이 넘는 가치예요. 그러나 1995년 우리나라는 세계은행의 원조국 대상에서 제외되었고 2009년에는 OECD 개발원조위원회의 정식 회원으로 가입하면서 원조를 받는 나라에서 원조를 주는 나라로 탈바꿈한 세계 유일의 국가가 되었답니다.

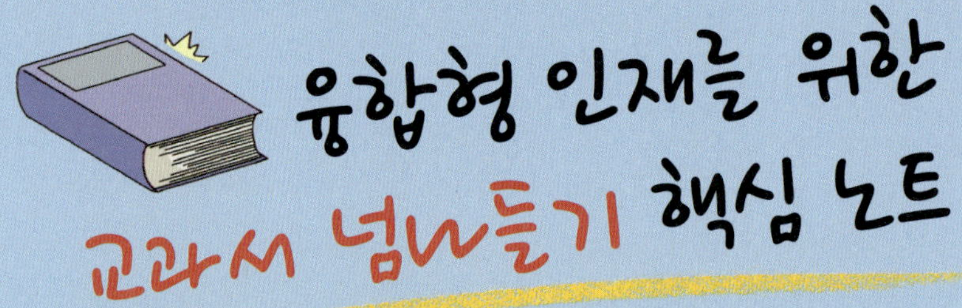

넘나들며 읽기

새롭고 창의적인 키워드를 만들어 내기 위해서는 기존의 개념을 잘 이해해야 합니다. 창의적인 것이란 이 세상에 존재하지 않는 것을 만들어 내는 것이 아니라 기존의 것들을 잘 섞고 혼합하여 폭을 넓히면서 만들어지는 것이니까요. 이 책에서 읽은 내용을 바탕으로 창의적인 사고를 펼쳐 볼까요?

가까워진 지구촌

세계의 문제를 생각할 때 가장 먼저 떠올려야 하는 것은 시간의 문제입니다. 지구촌 (global village)이라고 말하는 건, 바로 이 시간거리가 줄어들었기 때문이니까요.

미국의 에이브러햄 링컨 대통령이 암살되었을 때 미국 전역에 이 소식이 퍼지기까지는 한 달의 시간이 걸렸다고 해요. 당시에는 TV나 라디오가 없었고, 사람들이 전보와 입소문으로 소문을 퍼뜨려야 했기 때문에 시골 구석구석까지 이 소식이 알려지는 데 그만큼 오래 걸렸다는 뜻이죠. 과거의 일들은 이런 '시간 지체' 때문에 멀리 떨어진 지역까지 그 영향력이 퍼지는 데 오래 걸렸어요. 예를 들어, 임진왜란은 명나라를 쇠락하게 해서 청나라가 탄생하게 한 국제적인 사건이었지만 이 사건이 지구 건너편의 유럽이나 아프리카에 끼친 영향은 거의 없다시피 했죠.

더 과거로 가면 이 시간 지체는 매우 길어진답니다. 몇 만 년 전에 동북아시아에 사는 몽골 인종 중 일부가 동북쪽으로 가서 시베리아 동쪽을 통해 북극해를 건너 알래스카 지방에 도착했어요. 이들은 또 천천히 남하해서 결국 북아메리카 대륙을 횡단해 남아메리카 땅에까지 도착하죠. 그러니까 동북아시아에 살던 사람들이 남아메리카 땅에 영향력을 발휘하기까지는 수천 년에서 수만 년에 걸친 시간이 필요했던 거예요.

하지만 오늘날엔 어떨까요? 당장 지구 반대편에서 기상이변이 일어나거나 하면 즉시 경제가 반응합니다. 예를 들어, 남아메리카 커피 농장 지대에 폭풍이 불면 이 커피 산업에 돈을 투자한 사람들이 얼른 자신들의 투자 금액을 회수하기 위해 움직이기 때문에 지구 반대편에 있는 주식 시장에도 변화가 일어나는 거죠.

그러나 지구촌의 '거리'를 이해하려면 좀 더 깊이 생각해 볼 필요가 있습니다. 우리가 타고 다니는 항공기의 속도(시속 수백 킬로미터)라면 지구를 한 바퀴 도는 데 이틀 정도가 걸립니다. 지구 반대편에서 만들어진 물자를 비행기로 보내려면 하루의 시간이 필요한 거죠. 배로 가야 한다면 시속 수십 킬로미터의 속도로 몇 만 킬로미터를 항해해야 하므로 몇 달이 걸립니다. 하지만 연락을 주고받는 것은 전기나 빛의 속도로 움직일 수 있으니 지구 반대편에 있어도 0.1초면 충분하죠(빛은 시속 30만 킬로미터의 속도로 움직이니까요). 정보를 주고받을 때는 정보의 양이 중요하지 속도는 중요하지 않습니다(양이 많을수록 시간이 더 걸리니까요).

그래서 재난이나 전쟁이 일어나면 방송이나 인터넷을 통해서 그 현장을 실시간으로 볼 수 있게 되었지만, 정작 필요한 사람이나 물자를 보내기 위해서는 시간이 필요합니다. 비행기로 보낼 수 없는 대량의 물자나 사람이라면 더 시간이 걸리고요. 그리고 교통이 불편한 지역이라면 더더욱 시간이 많이 걸리겠죠. 태평양에 거대한 규모의 태풍이 지나는 시기라고 하면 배도 비행기도 다닐 수 없기 때문에 그 시간거리는 더 늘어나는 법입니다.

다시 말해 지구촌이 과거보다 상상할 수 없을 정도로 가까워졌다고는 하지만 아직도 거리가 먼 지역이 남아 있다는 뜻입니다. 우리나라만 하더라도 직접 찾아가려면 열두 시간 넘게 걸리는 곳이 많이 남아 있어요. 서해와 남해에 있는 섬 지역을 생각해 보세요. 배편이 끊어지면 사나흘씩 고립되는 장소들이 아직도 적지 않습니다. 인터넷의 발달로 전 세계가 하나로 연결된 듯하지만, 실제로는 고려해야 할 것이 많다는 것이죠.

그렇게 실제 거리가 먼 지역들은 우리가 세계를 생각할 때 잘 떠오르지 않고 소외된 지역이 되기 쉽습니다. 어디에 살고 있는지, 어떻게 살고 있는지 우리가 모르고 있다면 그들이 우리와 함께 지구촌에 살고 있는 주민이라고 보긴 어렵지 않을까요? 그렇게 소외된 지역들, 우리가 평소에 소식을 접하지 못하는 지역들에도 관심을 가져 보도록 합시다.

더 생각해 보기

- 여러분이 쓰고 있는 물건들이나 먹고 있는 음식물들의 원산지를 조사해 보고 가장 멀리 떨어진 곳이 어디인지 알아보아요. 그리고 그 음식물이나 물건들이 이동해 온 경로를 찾아보세요. 오는 동안 얼마나 시간이 걸렸을지도 생각해 봅시다.

창의적 독서란 책이 주는 정보를 정보 그대로 이해하는 것이 아니라 자기 것으로 만드는 독서를 일컫는 말입니다. 이 책에서 넘나들기를 한 분야 외에 세상의 많은 분야와 정보가 모두 이 책을 중심으로 뻗어 나갈 수 있을 것입니다. 이 질문은 여러분들이 창의적인 상상을 할 수 있도록 도와주는 것들입니다. 최선의 답은 있으나 정답이 있는 것은 아닙니다. 책의 내용과 관련지어 다음과 같은 질문들에 간단하게 생각을 해 봅시다.

NGO란 Non-government Organization이라고 해서 비정부기구를 말합니다. 많은 NGO들이 국제적인 조직으로 성장해 있습니다. 인권을 지키는 국제사면위원회(앰네스티), 환경 감시 단체인 그린피스 등이 대표적인 국제적 NGO죠. 국제적인 NGO로 어떤 것들이 있는지 알아보고 그 중 하나를 정해서 깊이 조사해 보도록 합시다. 누가 어떤 의도로 만들었고 어떤 활동을 하는지 친구들에게 설명해 보세요.

세계인의 한 명으로 살아가기 위해 전 지구적인 공동의 노력에 참여하는 일은 의미가 있겠지요?

과거의 유명한 모험가들을 조사해 보고 그들이 움직인 경로를 지구본
이나 세계 지도 위에 표시해 봅시다.

고선지 장군과 같은 분은 고구려인으로 중국에 건너가 서역 원정을 떠났습니다. 그
원정으로 인해 중국의 종이 만드는 기술이 유럽에 전해졌다고 해요. 이런 세계사적
인 변화를 만들어 낸 여행들에 대해서 알아보는 것도 재미있는 일이 될 거예요.

인터넷을 이용해 세계의 분쟁 지역들을 알아보세요. 왜 분쟁이 생겼고 어떤 해결 노력이 있는지 알아봅시다.

한국도 외국에서 볼 때는 분쟁 지역 중 하나랍니다. 알고 있었나요?

국제관계에서 강대국이 약소국을 억압한 사례를 찾아보세요. 그리고 반대로 어려운 문제를 여러 나라가 협력해서 해결한 사례를 찾아보세요. 이렇게 조사한 것을 바탕으로 세계적인 문제 중 한 가지를 정해 세계 각국이 어떻게 협력하면 좋을지 자기 주장을 정리해 보세요.

국제관계는 힘이 지배하기도 하고 약속을 지키며 협력하기도 하는 복잡한 관계죠. 실제적인 문제를 하나 생각해서 어떻게 협력하면 좋을지 구체적인 방법을 상상해 보세요.

커다란 세계 지도 위에 반투명한 종이를 대고 국경선을 따라 선을 그린 뒤 나라 모양을 오려 보세요 (작은 나라라면 확대된 지도를 사용하세요). 지도의 도움 없이 나라의 모양만으로 그 나라의 이름과 위치를 맞히는 놀이를 해 보세요.

칠레와 같은 나라는 남북으로 길쭉한 모양을 하고 있지요. 크기를 달리해도 모양만으로 그 나라의 이름과 위치를 맞힐 수 있나요?

이어령의 교과서 넘나들기 국제관계편

펴낸날	초판 1쇄 2012년 7월 20일
	초판 3쇄 2015년 3월 25일

콘텐츠 크리에이터	이어령
지은이	손기화
그린이	이세경
기 획	손영운
펴낸이	심만수
펴낸곳	(주)살림출판사
출판등록	1989년 11월 1일 제9-210호

주소	경기도 파주시 광인사길 30
전화	031-955-1350 팩스 031-624-1356
홈페이지	http://www.sallimbooks.com
이메일	book@sallimbooks.com

ISBN 978-89-522-1896-4 03340
      978-89-522-1531-4 (세트)

※ 값은 뒤표지에 있습니다.
※ 잘못 만들어진 책은 구입하신 서점에서 바꾸어 드립니다.
※ 본문에 수록된 도판의 저작권에 문제가 있을 시
   저작권자와 추후 협의할 수 있습니다.

책임편집·교정교열 장선영